Susanne Kreuer

REITEN

FÜR PFERDEFLÜSTERER

Widmung
Für Miss Ellie,

weil Du uns ständig zum Lachen bringst!

weil Du immer dann mutig bist, wenn alle anderen ängstlich und unsicher sind!

weil Du eine Kämpferin bist, die genau weiß, was sie will und wo sie hingehört!

weil Du uns allen jeden Tag zeigst, wie schön und spannend das Leben ist!

weil Du klug, lustig und unglaublich liebenswert bist!

Inhalt

Die Hauptdarsteller

Die Pferde und Kinder in diesem Buch stellen sich vor

Pepper ist als Quarter Horse-Hengst immer und überall der Chef. Alle Pferde und Ponys in seiner Herde vertrauen ihm, denn sie wissen, wie viel Erfahrung er hat. Er war immer schon sehr temperamentvoll, was vielen Menschen auch manchmal Angst macht, weil er so stark und durchsetzungsfähig ist. Die Pferde hingegen erkennen ihn immer als genau das, was er ist: ein mutiger, fairer und „väterlicher" Anführer, dem sie sich gerne anschließen.

Miss Ellie ist zwar gerade erst drei Jahre alt geworden, aber bereits ziemlich willensstark. Als Minishetty kann sie nicht mit äußerer Größe punkten, dafür umso mehr mit innerer. Die Großpferde in ihrer Herde hat sie vollständig unter Kontrolle und alle „tanzen nach ihrer Pfeife". Dabei ist der kleine „Schreihals" auch nicht zu überhören. Wenn sie kreischt, dann sind alle anderen ruhig. Das ist sicher!

Kaya ist nicht nur genau wie Miss Ellie eine dreijährige Minishetty-Stute, sondern auch ihre allerbeste Freundin. Zwar „kracht" es manchmal auch, aber kurze Zeit später haben sie sich wieder lieb. Kaya bedeutet „große Schwester" und genauso verhält sie sich auch: Sie ist freundlich, stark und immer liebenswert.

Ganz viele Pferde und Ponys zeigen dir, wie sie leben wollen und was sie brauchen, um glücklich zu sein. Auch erklären sie dir, wie sie von dir behandelt werden möchten, damit ihr richtige Freunde werden könnt. Ihnen ist wichtig, dass du verstehst, wie sie geritten werden wollen, um gesund und zufrieden zu bleiben.

Hannah und ihr New Forest Pony **Myran** haben schon viel miteinander erlebt, obwohl sie erst seit einem guten halben Jahr ein Team sind. Zu ihrem Trainingsplan gehört neben der Dressur auch das Springen, wobei sie sich in der Vielseitigkeit richtig zuhause fühlen. Auch Bodenarbeit, Halsringreiten und über Baumstämme springen gehört für sie dazu. Die beiden sind für alles offen und auch gerne auf Turnieren unterwegs.

Lisa kennt ihre Criollo-Stute **Argentina** schon ihr ganzes Leben und ist mit ihr aufgewachsen. Sie sind ein eingespieltes Team, das am liebsten gemeinsam ausreitet und die Natur erkundet. Die beiden möchten keine Turniere gehen, sondern verbringen ihre Zeit gerne mit Spaziergängen, Bodenarbeit und Reitstunden. Lisas Motto: Bloß keinen Stress - Hauptsache es macht Spaß!

Auch **Zoe** kennt **Joy's** schon ihr Leben lang. Die Haflinger-Stute ist ein Familienmitglied, das nicht mehr wegzudenken ist. Zoe hat in ihrem Beisein das Laufen gelernt und natürlich auch auf ihr das Reiten. Die beiden haben eine so enge Bindung zueinander, dass Zoe immer das Gefühl hat, ihre Stute passt auf sie auf. Derzeit üben sie noch zusammen ganz viel an der Longe, damit die Fünfjährige eine sichere Reiterin in allen Gangarten wird.

Rike hat ihre Stute **Hexentänzchen** (genannt „Püppi") im Alter von sechs Monaten gekauft und dann vierjährig angeritten - natürlich mit erfahrener Hilfe. Die beiden springen sehr gerne und lieben die gemeinsame Zeit im Gelände. Noch ist die Stute sehr jung und in der Ausbildung, aber sie zeigt sich lernwillig, mutig und auch ein bisschen eigensinnig. Beide bereiten sich mit viel Freude auf zukünftige Turniere vor.

Wollen Pferde überhaupt gerne geritten werden?

Ein Pferd oder Pony reiten zu dürfen, ist etwas ganz Besonderes. Immerhin sind sie nämlich alle überhaupt nicht dafür gemacht, einen Reiter auf ihrem Rücken zu tragen. Eigentlich sind es **Steppentiere**, die in der Gruppe leben und gemeinsam durch die Prärie ziehen. Sie sind Teil einer Familie und lieben es, sich gegenseitig zu kraulen, sich zu wälzen, zu toben, zu spielen, die Fohlen und Jungpferde großzuziehen und ihre Freundschaften zu pflegen. Manchmal rennen sie plötzlich gemeinsam mit der ganzen Herde weg, wenn sie glauben, in Gefahr zu sein. Das sieht grandios toll aus, denn es ist unglaublich, wie schnell sie sind und dass sie sich alle ganz ohne Worte verstehen. Das ist wirklich faszinierend und spannend.

Dass eine Herde flüchtet, zeigt, wie Pferde wirklich sind: Sie möchten normalerweise keinen Ärger haben, sondern am liebsten ganz friedlich mit ihrer Familie zusammenleben.

Pferde und Menschen haben von Natur aus nicht viel gemeinsam, sondern sind ganz **verschiedene Lebewesen**. Während Menschen Fleisch essen, ernähren sich Pferde hauptsächlich von Gras und Kräutern. Während Pferde bei einer möglichen Gefahr flüchten, neigen wir Menschen eher dazu, anzugreifen oder uns zu verteidigen. Das machen Pferde meistens nur im äußersten Notfall – also dann, wenn sie merken, dass sie nicht mehr weglaufen können. Pferde sind also Fluchttiere. Darum haben sie auch so lange Beine, ein großes Herz und eine ausdauernde Lunge. Sie können ganz Erstaunliches: Pferde sind fähig, einen richtigen „Kick-Start" hinzulegen. Das bedeutet, dass sie aus dem Nichts richtig schnell rennen können. Auch können sie diese rasante Geschwindigkeit lange halten, damit sie sich, wenn sie ängstlich vor etwas sind, weit davon entfernen können. Pferde sind richtige „Akrobaten", die nicht nur fähig sind, sehr schnell zu laufen, sie sind auch ganz schön wendig und beweglich.

Infobox

Wenn du Pferde auf der Wiese toben und spielen siehst, dann achte mal darauf, wie unglaublich sportlich sie sind. Manchmal rennen sie wie „Verrückte" hin und her, wenden dann ganz schnell, hüpfen, springen und schütteln den Kopf vor lauter Aufregung und Freude. Sie sind Lauftiere und müssen ihre Energie herauslassen, um sich wohlzufühlen. Das kennst du sicher von dir selbst: Manchmal muss man sich einfach bewegen und kann irgendwie nicht ruhig sitzenbleiben.

Es ist wichtig, dass wir Menschen, wenn wir Pferde reiten wollen und mit ihnen Zeit verbringen möchten, verstehen, warum sie sich so viel bewegen. Es ist ihre Natur! Und diese können und wollen wir doch nicht ändern, oder?

Das bedeutet aber nicht, dass wir Pferden nicht beibringen können, auf uns zu hören, uns zu vertrauen und sich uns anzuschließen. Das ist nämlich die einzige Möglichkeit, eine richtige Freundschaft zueinander aufzubauen. Du musst das Pferd kennen und verstehen und das Pferd muss dich kennen und verstehen. Freundschaft bedeutet, dass wir uns gegenseitig zuhören, aufeinander eingehen, also versuchen, herauszufinden, was der andere braucht, um glücklich zu sein, und einander gerne haben. Gar nicht so leicht, denkst du vielleicht jetzt – vor allem, da Pferde und Menschen ja so unterschiedlich zu sein scheinen. Genau das ist die Herausforderung! Und es ist eine, die ganz viel Spaß machen kann, denn es ist erstaunlich, was wir Menschen alles über Pferde lernen können. Toll ist auch, was wir **von** ihnen lernen können, denn es sind sehr, sehr kluge Tiere.

Pferde sind nicht nur wunderschön, sondern auch sehr intelligent. Sie können sich vieles über Jahre merken und erkennen jeden wieder, den sie mal gesehen, gerochen oder gehört haben. Sie haben ein super Gedächtnis.

Wie schlau Pferde sind, das haben die Menschen schon vor sehr, sehr vielen Jahren gemerkt. Und dann haben sie etwas Wichtiges erkannt: Pferde sind großartige Wesen, die den Menschen bei ganz vielen Dingen helfen können:

Pferde und Menschen

Pferde haben gemeinsam an der Seite von Menschen gekämpft und neue Länder erobert. Sie haben die Menschen überall hingebracht, als es noch keine Autos, Züge oder Flugzeuge gab. Ansonsten hätten die Menschen weite Strecken laufen müssen. Das hätten sie alleine nicht geschafft. Die Wachsamkeit, die Klugheit, die Schnelligkeit und die Weitsicht der Pferde haben den Menschen sehr geholfen.

In der Landwirtschaft waren Pferde eine sehr große Hilfe, um das Land zu bestellen und schwere Arbeiten zu verrichten. Das war sicherlich ganz schön anstrengend. Pferde haben den Menschen dadurch geholfen, Essen auf den Tisch zu bekommen und ihre Familien ernähren zu können. Auch das hätten die Menschen alleine ganz sicher nicht so gut hinbekommen.

Auf einer Ranch (z. B. in Amerika) waren und sind Pferde einfach unersetzlich. Sie können und lernen unglaublich viel. Mit der Zeit wissen sie sogar von selbst, was zu tun ist. Sie tragen die Cowboys über ihre Ländereien und fangen z. B. Rinder ein. Pferde sind dort einfach die besten „Mitarbeiter", die man haben kann.

Heute sind Pferde vor allem Sport- und Freizeitpartner. Das bedeutet, dass sie den Menschen Erfolge auf kleineren oder sogar größeren Turnieren bringen sollen sowie in der Freizeit aus Spaß geritten werden. Es gibt ganz verschiedene Reitweisen und natürlich auch ganz viele verschiedene Pferde, die unterschiedliche Begabungen haben. Dazu später mehr!

Wir Menschen haben also schon eine sehr lange Geschichte mit Pferden. Seit Jahrtausenden reiten Menschen Pferde. Kein anderes Tier hat uns so viel gegeben. Aber war das wirklich freiwillig? Haben die Pferde den Menschen gerne gedient? Und waren die Menschen immer fair zu diesen tollen Tieren? Ganz sicher nicht! Nicht alles, was mit Pferden gemacht wurde und wird, hat mit Freundlichkeit und Freundschaft zu tun. Viele Menschen haben die Pferde ausgenutzt. Das passiert auch heute noch häufig, obwohl die Menschen ja auf die Arbeitskraft der Pferde gar nicht mehr angewiesen sind.

Pferde brauchen uns Menschen überhaupt nicht. Die Menschen brauchten die Pferde, aber nicht andersherum. Pferde möchten gerne Freunde finden und wünschen sich vor allem eine Partnerschaft. Das bedeutet, dass sie etwas mit uns gemeinsam erleben wollen und uns vertrauen möchten. Ein Pferd möchte unbedingt dein Freund sein und es merkt sofort, ob du auch sein Freund sein möchtest. Pferde sind sehr sensibel, also feinfühlig und empfindsam. Sie spüren alle, wie es dir geht, ob du dich ängstigst, ob du gerade mutig bist, traurig oder glücklich. Genau wie du auch, möchten Pferde gemocht werden. Du musst ein Pferd nicht nur reiten, um eine Bindung zu ihm aufzubauen. Besser ist es, wenn ihr euch gegenseitig erst kennenlernt.

Miss Ellies Tipp

Zwar bin ich noch klein und reiten kannst du mich auch nicht, aber ich bin die beste Zuhörerin der Welt! Ganz gleich, welche Sorgen oder Ängste du hast, du kannst sie Ponys und Pferden alle erzählen. Sie erzählen nichts weiter und lachen dich auch nicht aus. Bei uns sind deine Geheimnisse gut aufgehoben. Wenn wir dir vertrauen, dann „erzählen" wir dir auch alles über uns.

Auch untereinander haben Pferde richtig enge Freundschaften:

Pferdefreundschaften

Da von allem ausreichend vorhanden ist, teile ich sehr gerne mit dir! Es ist schön, wenn wir gemeinsam futtern können und uns nicht streiten müssen!

Ich mag dich! Das zeige ich dir durch Fellpflege, weil du das ganz toll findest!

Lass uns zusammen spielen und Spaß haben! Das stärkt unsere Freundschaft!

Ich beschütze dich! Du bist nicht alleine, weil ich mich um dich kümmere!

Ich beobachte die Umgebung aufmerksam, damit meinen Freunden nichts passiert! Geschieht etwas Ungewöhnliches, dann warne ich alle, damit wir flüchten können und wir wieder in Sicherheit sind!

Kommt mir alle nach! Ich kenne den Weg!
Ihr könnt mir vertrauen!

Ich bin der Chef und habe die Verantwortung.
Ich möchte, dass alle sicher sind und sich gut
miteinander vertragen!

In der Gruppe bei unseren Freunden
fühlen wir uns geschützt und geborgen!

Gemeinsam in Ruhe trinken zu können,
ist wichtig. Das stärkt unsere Körper und
auch unseren Zusammenhalt!

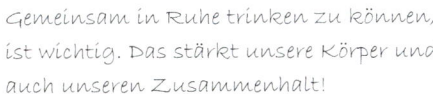

Ich möchte dir etwas erzählen und mich
versichern, dass du mich lieb hast!

Du ärgerst mich! Das gefällt mir nicht!
Wir können uns später vertragen, aber
jetzt müssen wir das erst klären!

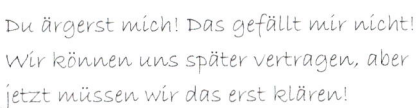

Wieso haben Pferde denn Gefühle?

Jedes Lebewesen auf dieser Erde hat **Gefühle**. Sie sind sehr wichtig, um sich in der Welt orientieren zu können und zu wissen, was man möchte und was nicht. Auch brauchen wir alle Gefühle, um mit anderen in Kontakt zu treten, eine Freundschaft aufzubauen und zu verstehen, was der andere braucht. Pferde fühlen sehr, sehr viel – wahrscheinlich mehr, als uns Menschen manchmal bewusst ist. Zum Beispiel spüren sie jede Fliege, die sich auf ihnen absetzt. Ihr Körper ist sehr empfindlich. Auch können sie fühlen, was ein anderes Pferd fühlt. Das können sie schon als kleine Fohlen, damit sie Gefahren besser und schneller erkennen. Als Neugeborene haben sie ja noch keine Erfahrungen, sie wissen also nicht, was in der Welt los ist. Darum hat die Natur es so eingerichtet, dass sie spüren, was ihre Mutter und die anderen Pferde in ihrer Herde fühlen. Sie machen dann einfach genau das, was die anderen auch machen. Das schützt das Fohlen und so lernt es ganz viel.

Fohlen lernen ganz viel von den anderen Pferden, um irgendwann groß und stark zu werden. Über Gefühle und durch genaues Beobachten wachsen sie zu tollen Pferden heran, die dann den neuen Fohlen alles zeigen können.

Du kennst das bestimmt, wenn du in einer Situation, die neu für dich ist, etwas unsicher bist und nach jemandem suchst, der dir helfen kann. Dein Gefühl sagt dir irgendwie genau, wer das kann und wer eher nicht. Wissen kannst du das ja manchmal gar nicht, aber trotzdem triffst du oft die richtige Entscheidung, an wen du dich wenden kannst. Auch das ist ein Gefühl, und zwar ein Gefühl für andere Menschen. Manchmal täuschst du dich vielleicht auch, aber das macht nichts, denn das passiert jedem mal. Dadurch lernen auch Menschen, ihr Gefühl für andere besser einzuschätzen. Bei Pferden ist das auch so: Sie spüren ganz instinktiv, also gefühlsmäßig, ob Gefahr droht, sie jetzt gerade fröhlich sein können oder ob sie sich besser zurückhalten, um keinen Ärger von den Großen zu kriegen. Das hat auch einen sehr, sehr wichtigen Grund, der bei uns Menschen nicht so zutrifft, aber für jedes Fohlen, Pony oder Großpferd – ganz gleich, welche Rasse – an erster Stelle steht:

Zum Nachdenken

Überleg mal: Wenn man sich unterhalten muss, um zu verstehen, was los ist, dann kostet das sehr viel Zeit. Wenn man aber fühlt, was der andere fühlt, dann kann man sofort handeln. Wenn Pferde angegriffen werden von einem hungrigen Raubtier, dann haben sie keine Zeit, erst zu diskutieren, was sie jetzt machen sollen. Sie laufen lieber schnell weg. Und es gibt kein Tier in der Herde, das den anderen nicht glaubt. Ein einziges Pferd reicht aus, um mit seinem Gefühl – und ohne Worte – das mitzuteilen. Alle glauben diesem Pferd und blitzschnell rennen sie zusammen in dieselbe Richtung.

Du siehst, dass Gefühle wichtig sind für Pferde, um zu überleben. Und sie sind richtige Experten darin!

Pferdegefühle

Bei Mama fühle ich mich wohl. Wenn sie da ist, dann fühle ich mich verstanden. Sie bringt mir alles bei, verteidigt mich und gibt mir auch Zeit, um mit den anderen zu spielen. Wir sind miteinander verbunden. Das gibt mir Sicherheit.

Das riecht komisch, aber auch interessant. Mein Gefühl sagt mir, dass ich eigentlich weglaufen sollte, aber die Großen haben auch keine Angst. Also setze ich mich mit der Menschenhand auseinander.

Die doofen Fliegen und Mücken ärgern mich überall am ganzen Körper. Ich kann jede einzelne von ihnen spüren.

Ich fühle mich einsam. Hoffentlich hören mich die anderen. Sie freuen sich bestimmt, wenn ich sie begrüße.

Ich bin sehr traurig, aber keiner merkt es. Warum hilft mir niemand? Ich kann ja den Menschen nicht sagen, wie schlecht es mir geht. Sie müssen doch sehen, dass ich Schmerzen habe!

Du fragst dich jetzt vielleicht, was die Gefühle eines Pferdes mit dem Reiten zu tun haben sollen. Die Antwort ist schnell gegeben: einfach ALLES! Reiten ist pures Gefühl, denn Pferde sind Lebewesen und das Ziel ist es, eine Einheit zu bilden sowie das Vertrauen des Pferdes zu gewinnen. Beim Reiten geht es darum, sich gegenseitig zu verstehen. Der Reiter möchte etwas von einem Pferd und teilt es ihm durch Signale mit seinen Beinen, seinen Händen und seiner Körperhaltung (= Hilfen) mit. Stell dir mal vor, was passieren würde, wenn das Pferd das alles völlig gefühllos nicht bemerken würde! Wie würde das aussehen? Das Pferd würde entweder ganz stumpf rumstehen und gar nichts machen oder einfach seiner Wege gehen und das machen, wozu es gerade Lust hat. Das würde vielleicht sogar lustig aussehen, aber mit Reiten hätten das wenig zu tun.

Wir können festhalten: Es sind die Gefühle, die Reiter und Pferd austauschen, damit echtes Reiten stattfinden kann. „Echtes" Reiten, das bedeutet, dass man sich gegenseitig zuhört, den anderen versteht und gerne mitarbeitet. Am besten machst du dir immer klar, dass Pferde im Vergleich zu dir ziemlich groß und ziemlich schwer sind. Auch ein Pony, das nicht so groß ist, hat trotzdem viel mehr Kraft und viel mehr Gewicht als ein Mensch. Wenn es nicht freiwillig mitmachen möchte und keine Freude am Reiten hat, dann wird es sich wehren. Das ist schlecht, denn dann kann es zu Verletzungen und auch zu Missverständnissen kommen.

Das ist Pferden beim Reiten ganz wichtig:

1) Sie möchten unbedingt verstehen, was du dir von ihnen wünschst.
2) Sie möchten gerne auch von dir verstanden werden, wenn sie etwas nicht wollen, begreifen oder Schmerzen haben.
3) Sie möchten auch Spaß und Freude haben.
4) Sie möchten mit dir zusammen lernen und Tolles erleben.
5) Sie möchten nicht ständig mit den Beinen getreten oder mit der Gerte geärgert werden.
6) Sie möchten, dass der Sattel und auch die Trense richtig passen und nicht stören oder wehtun.

7) Sie möchten nicht ständig im Kreis laufen. Das ist langweilig und doof. Außerdem kann auch Pferden richtig schwindelig werden.

8) Sie möchten gerne gelobt werden, wenn sie etwas gut gemacht haben.

9) Sie möchten nicht nur ein Pferd von vielen für dich sein, sondern am besten dein Freund, der für dich etwas ganz Besonderes ist.

10) Sie möchten auch nach dem Reiten noch von dir beachtet werden.

Zum Nachdenken

Ein Pferd kann uns nicht mit Worten sagen, dass es nicht mehr will oder Schmerzen hat, weil der Reiter etwas falsch macht. Es kann uns das nur über sein Verhalten, also seinen Körper, mitteilen. Fühlt ein Pferd sich unwohl, dann hat es jedes Recht der Welt, darauf aufmerksam zu machen. Es macht ja keinen Sinn, wenn der Reiter ganz viel Spaß hat und das Pferd leidet, oder? Du kennst das sicher selbst auch: Wenn dir etwas wehtut, dann sagst oder zeigst du das ganz deutlich. Und das ist auch richtig so, weil eben etwas für dich nicht stimmt!

Du siehst, wie wichtig es ist, den Pferden zuzuhören. Dazu beobachten richtig gute und faire Reiter ihre Pferde sehr genau. Sie möchten, dass das Pferd sich bei ihnen gut aufgehoben fühlt. Gute Reiter beobachten aber nicht nur mit ihren Augen, sondern auch mit ihren Herzen, ihrem Gefühl. Das bedeutet, dass sie echte Freundschaft für ihre Pferde empfinden und es diese auch spüren lassen. Sie können fühlen, wenn das Pferd unglücklich, krank oder schlecht gelaunt ist. Das kannst du auch lernen, indem du viel Zeit mit den Pferden verbringst und so viel beobachtest wie möglich. Dadurch lernst du die Pferde kennen und bald wirst du merken, wie du sie immer besser einschätzen kannst. Das ist ein tolles Gefühl!

Warum erlauben uns Pferde, sie zu reiten?

Wir haben ja schon festgestellt, dass die Pferde uns Menschen nicht brauchen. Sie müssen natürlich nicht geritten werden, denn Millionen Pferde kommen in dem Moment, in dem du dieses Buch liest, ganz wunderbar ohne das Reiten und ohne den Menschen in der Natur aus. Tatsächlich möchten WIR gerne reiten und das ist für die Pferde auch in Ordnung, solange wir **Rücksicht** auf sie nehmen. Rücksicht zu nehmen, bedeutet, dass du dir dein Lieblingspferd oder -pony ganz genau anschaust und versuchst herauszufinden, wie es aussieht, wenn es zufrieden und glücklich ist – und das nicht nur auf der Wiese gemeinsam mit seinen Freunden, sondern auch beim Reiten selbst.

Peppers Tipp

Ich bin mittlerweile ziemlich alt und weise. In meinem Leben bin ich schon sehr, sehr häufig geritten worden und das von ganz unterschiedlichen Menschen. Wenn jemand etwas Wichtiges dazu sagen kann, dann ich:

Ihr Menschen (auch ihr Kinder) seid ganz verschieden. Manche achten sehr gut auf mich und andere haben mich nur ausgenutzt, um zu gewinnen oder toll vor anderen auszusehen. Wir Pferde merken den Unterschied sehr genau. Natürlich bewege ich mich viel besser unter einem Reiter, der nett zu mir ist – auch dann, wenn er noch kein guter Reiter ist. Du bist ja auch zu lieben Menschen netter, als zu solchen, die gemein zu dir sind, oder?

So unterschiedlich wir Menschen sind, so verschieden sind auch die Pferde und Ponys. Jedes hat einen ganz eigenen **Charakter**. Du kennst sicherlich viele andere Kinder. Keines ist genauso in allem wie du. Manche Kinder sind aufgeweckt, wollen sich viel bewegen oder reden ununterbrochen und lachen viel. Andere Kinder sind ruhiger, malen gerne, können ganz toll ein Instrument spielen und denken mehr nach, bevor sie reden. Das eine ist nicht besser als das andere, sondern einfach nur verschieden. Das bedeutet auch nicht, dass sich ein aufgewecktes Kind mit einem ruhigen nicht richtig gut verstehen kann. Das ist sogar oft der Fall. Bei Pferden ist es auch so, dass sie verschiedene Persönlichkeiten haben. Manche Pferde machen ganz viel Quatsch und anderen ist es das Wichtigste, dass sich alle wohlfühlen, darum kümmern sie sich viel um die anderen Tiere. Manche Pferde laufen sehr schnell unter dem Reiter – ganz egal, wer draufsitzt – und andere lassen sich gerne bitten, bevor sie in Gang kommen. Zwar sind alle Pferde von Natur aus neugierig, aber manche wollen wirklich alles ganz genau wissen. Sehr neugierige Pferde und Ponys können sich nicht so lange konzentrieren, weil ihnen immer wieder etwas Neues auffällt, das sie sich anschauen wollen. Und wieder andere Pferde sind sehr gelassen und „cool". Das bedeutet, dass sie sich nicht aus der Ruhe bringen lassen und insgesamt entspannter sind.

Pferde haben ganz unterschiedliche Persönlichkeiten. Kein Pferd gleicht exakt einem anderen – weder äußerlich noch innerlich. Alle sind etwas Besonderes!

Jedes Pferd hat „Eigenheiten", die du am besten bemerkst und auch berücksichtigst. Dafür ist es wichtig, dass du die Körpersprache der Pferde beobachtest und verstehst.

Pferdepersönlichkeiten

Zwar sind wir alle sehr, sehr gute Freunde, aber wir unterscheiden uns trotzdem voneinander. Wir helfen uns gegenseitig und kennen die Stärken und die Schwächen der anderen. Jeder kann etwas besonders gut (z. B. aufpassen, schnell rennen, kraulen oder Futter finden). Das finden wir toll!

Die Welt ist so groß und alles ist neu für mich, aber ich will ganz viel entdecken. Ich bin gespannt, was ich alles erleben darf!

Geh zur Seite und mach Platz, bevor ich richtig sauer werde! Mit mir ist heute nicht zu spaßen!

Hurra, eine Dusche! Das macht Freude und kühlt so schön. Ich mache mal ein lustiges Gesicht, damit die Menschen merken, wie großartig ich das finde.

Wir sind entspannt und ruhen uns aus. Im Moment fühlen wir uns sicher, darum trauen wir uns auch, uns hinzulegen. Wir haben Vertrauen in die Umgebung und in die anderen Pferde, die auf uns aufpassen, damit wir uns eine kleine Pause gönnen können.

Genau wie Menschen haben auch Pferde Launen. An manchen Tagen geht es ihnen gut und an anderen fühlen sie sich vielleicht müde, angespannt oder genervt. Natürlich wünschen sie sich, dass wir darauf achten und ihre Stimmungen berücksichtigen. Mit ein bisschen Übung merkst du sehr schnell, wie ein Pferd gelaunt ist. Achte einfach mal darauf und du wirst sehen, dass die Pferde dir dafür richtig dankbar sind. Das gilt auch beim Reiten, denn hier geschieht grundsätzlich etwas, das Pferde eigentlich nicht so mögen: Pferd und Reiter müssen Nähe zulassen. Beide sind sehr eng miteinander verbunden und eigentlich ist es doch so, dass man nur dann von jemandem berührt werden möchte, den man gut kennt und auch gerne mag. In Reitschulen ist es ganz oft so, dass den Kindern irgendein Pferd zugeteilt und dann sofort losgeritten wird. Das ist total schade und auch für die Ponys und Pferde nicht so gut. Sie bekommen oft gar keine Zeit (und die Kinder auch nicht), sich aneinander zu gewöhnen. Das ist aber aus einem wirklich entscheidenden Grund, der in der Natur der Pferde liegt, ganz wichtig:

Aufgepasst!

Wenn du reiten möchtest, dann liegt nicht nur der Sattel genau dort, wo ein Raubtier mich angreifen würde, sondern auch du sitzt dann genau an dieser Stelle. Zudem klemmst du deine Beine an mir fest und umklammerst mich – genauso, wie es meine Feinde tun. Eigentlich macht mir dieses Verhalten schreckliche Angst. Ich habe mich zwar mittlerweile daran gewöhnt, aber trotzdem wünsche ich mir, dass du vorsichtig bist. Einfach ist das nämlich nicht für mich!

Pferde erlauben uns also, sie zu reiten. Wir sollten sie dabei aber immer als Partner sehen, damit sie zufrieden und glücklich sind – nur das ist fair!

Welche Reitweise passt zu mir?

Es gibt ganz unterschiedliche **Reitstile** mit ganz verschiedenen Sätteln, Zaumzeugen und Pferderassen. Ein weiser Horseman (= Pferdeflüsterer) hat mal vor längerer Zeit gesagt: „Wir reiten keinen Stil, wir reiten ein Pferd." Gemeint hat Jean-Claude Dysli damit, dass es ganz egal ist, welche Reitweise man gut findet; es geht darum, das Pferd nicht zu vergessen. Es ist also viel wichtiger, auf das Pferd zu achten, als sich selbst als Reiter in den Vordergrund zu stellen. Die eine Reitweise ist grundsätzlich nicht besser als die andere. Natürlich darf sich jeder eine passende Disziplin aussuchen (und sogar auch wechseln), das Wichtigste dabei ist immer, dass die Pferde gesehen werden.

Zum Nachdenken

Genauso ist es auch mit den Farben der Pferde: Es gibt ganz viele verschiedene Farben und auch Fellzeichnungen, aber diese sagen über ein Pferd gar nichts aus. So lautet ein kluger Spruch: „Auf der Farbe eines Pferdes kannst du nicht reiten!" Das stimmt auch, denn den Pferden ist das ohnehin gleichgültig. Ihnen ist viel wichtiger, welchen Charakter ein anderes Lebewesen hat. Sie würden niemals jemanden wegen seines Aussehens gut oder schlecht finden. Das ist ihnen völlig egal. Und wenn du mal darüber nachdenkst, dann merkst du, wie schlau das von den Pferden ist.

Die Möglichkeiten, wie ein Pferd geritten werden kann, sind manchmal ganz schön verwirrend. Du denkst vielleicht auch, da es so viele verschiedene Reitweisen gibt, dass es schwierig ist, zu entscheiden, was zu dir passt. Darum wollen wir uns nun gemeinsam einen **Überblick** verschaffen!

Englische Reitweisen - ganz klassisch

Dorothee Schneider

Lord Fittipaldi M

Die Dressur ist die Grundlage der englischen Reiterei. Ohne dass ein Pferd sich unter dem Reiter im Schritt, Trab und Galopp im Gleichgewicht befindet, wird es kaum gut springen können. Bei einer richtig guten Dressur sieht es so aus, als würden Reiter und Pferd miteinander verschmelzen. Sie wirken wie ein Tanzpaar, das durch das Viereck schwebt. Dabei zeigen sie gemeinsam sogenannte „Lektionen", also vorgegebene Aufgaben und Figuren. Im besten Fall reagiert das Pferd ganz feinfühlig auf die Gewichts-, Schenkel- und Zügelhilfen des Reiters. Das sieht dann sehr schön und auch elegant aus.

Beim Springen geht es ziemlich rasant zu. Pferd und Reiter heben gemeinsam ab und sollen so schnell wie möglich einen Parcours von Hindernissen schaffen. Dabei ist es wichtig, dass keine Stange von den Hindernissen herunterfällt. Reiter und Pferd brauchen dafür viel Technik und auch eine Portion Mut, aber keine Sorge: Alle fangen natürlich klein an. Die ersten Sprünge sollten niedrig sein, bevor man sich an

Michael Jung

fischerChelsea

Höheres wagt. Auch ein Springreiter muss mit Hilfen sehr genau einwirken, damit das Pferd im Gleichgewicht über ein Hindernis springt.

Ingrid Klimke

SAP Escada FRH

Die Vielseitigkeit erfordert von Pferd und Reiter gleich drei Herausforderungen: die Dressur, das Springen und den Geländeritt. Dazu brauchen alle Beteiligten viel Vertrauen zueinander, wie du dir sicher vorstellen kannst. Mit der Dressur beginnt stets die Prüfung. Dann folgt der Geländeritt über eine mit ganz verschiedenen Naturhindernissen ausgestattete Querfeldeinstrecke. Diese muss in einer vorgegebenen Zeit geschafft werden, sonst gibt es Strafpunkte. Dann kommt das Springen. Gewonnen hat das Pferd-Reiter-Team, das die wenigsten Strafpunkte bei allen Prüfungen hat.

Westernreiten - wie die Cowboys

Grischa Ludwig

Ruf Lil Diamond

Reining ist die Dressur im Westernsport und wird im Galopp geritten. Das, was Reiter und Pferd in einer Prüfung zeigen, leitet sich von dem ab, was ein richtiges Arbeitspferd in Amerika auf einer Ranch können muss. Natürlich sind die Lektionen an den Sport angepasst worden: schnelle und langsame Galoppzirkel, fliegende Galoppwechsel, Drehungen auf der Hinterhand (Spins), rasante Stopps (Sliding Stops), Hinterhandwendungen (Rollbacks) und das Rückwärtsrichten. Das sieht alles ziemlich beeindruckend und „cool" aus - vor allem, da die Zügelführung einhändig ist. Die Pferde hören auf sehr leichte Zügel-, Schenkel- und Gewichtshilfen.

Beim Cutting gibt es neben Pferden und Reitern zusätzlich noch eine Rinderherde. Auch das Cutting ist aus alten Arbeitsweisen heraus entstanden, denn die Cowboys arbeiteten früher (und auch heute) mit Rindern. Bei den Shows geht ein Pferd-Reiter-Team in eine Herde Rinder hinein und trennt ein Rind von der Herde ab. Nun darf das Rind nicht zurück zu den anderen. Dies zu verhindern, ist die

Ute Holm

Miss Little Pepto

Aufgabe des Cutting-Pferdes, das nun alleine dafür sorgt, während der Reiter nicht mehr auf es einwirkt. Du kannst dir sicher vorstellen, dass Cutting-Pferde ganz besondere Fähigkeiten haben müssen. Sie besitzen nämlich den sogenannten „Cow Sense". Das bedeutet, dass sie gefühlsmäßig „wissen", was ein Rind tun wird.

Thomas Günther

ICEMAN

Beim Trail müssen unterschiedliche Hindernisse wie Brücken, Wasserdurchquerungen oder Tore bewältigt werden. Es geht um Geschicklichkeit: zum Beispiel ohne abzusitzen durch Weidetore zu reiten. In einer Prüfung werden Situationen nachgeahmt, die einem Pferd-Reiter-Paar im Gelände begegnen können. Die Pferde arbeiten ganz ruhig mit und lassen sich zentimetergenau bewegen - hier sogar ganz ohne Zaumzeug und Sattel.

Das sind bei weitem noch nicht alle Reitweisen. Zum Beispiel gibt es auch noch das Distanzreiten. Hierbei geht es darum, mit dem Pferd eine vorgegebene Strecke in der schnellstmöglichen Zeit zu bewältigen. Bei diesem Sport geht es also für Pferd und Reiter ganz schön rasant zu. Gleiches gilt beim Trabrennen, Polo oder Jagdreiten. Das alles sind aber sehr spezielle Arten, sich mit dem Pferd fortzubewegen. Du siehst, es gibt beinahe unüberschaubare Möglichkeiten und das Beste ist es, zunächst die Grundlagen des Reitens zu lernen und zu begreifen, bevor man sich für einen bestimmten Reitstil entscheidet. Viel wichtiger ist es ohnehin, sich wohlzufühlen und den Pferden sowohl am Boden als auch vom Sattel aus zuzuhören. Dann wird sich von ganz alleine ergeben, was du gerne machen möchtest. So ist es bei den Pferden auch, denn sie müssen ebenfalls manches erst versuchen, bevor es gut klappt.

Kayas Tipp

Ich komme häufig in Situationen, in denen ich etwas anders machen möchte als die anderen. Zwar höre ich dann zu und schaue mir an, wie die anderen sich bewegen oder welche Entscheidungen sie treffen, aber dann probiere ich trotzdem aus, was ich will. Manchmal habe ich damit Erfolg und manchmal auch nicht. Mir ist das aber egal. Ich möchte am liebsten ich selbst sein. Dazu muss ich auch mal anders sein und etwas austesten dürfen.

Oft ist es auch so, dass ein bestimmtes Pferd jemanden sehr beeindruckt. Wer ein Pferd besonders mag, der schaut auch automatisch hin, wozu das Pferd Lust hat. Du weißt ja schon, wie verschieden Pferde und Ponys sind. Das bedeutet auch, dass sie ganz unterschiedliche Fähigkeiten haben. Einige können sehr schnell laufen, andere sind talentiert im Springen und wieder andere drehen sich flink auf der Stelle oder haben ein Gefühl für Rinder. Das alles sind großartige Begabungen, nur müssen diese natürlich auch von Menschen gesehen und gefördert werden. Jedes Pferd und jedes Pony kann etwas ganz Besonderes – wir müssen nur genau hinschauen. Und vielleicht kann dein Lieblingspferd sogar etwas, wovon du im Moment noch keine Ahnung hast. Es wäre doch sehr spannend, das herauszufinden! Es geht auch nicht darum, dass jedes Pferd unbedingt an großen Turnieren teilnehmen muss; manche Talente brauchen nicht von einem Richter bewertet zu werden, sondern sind vielleicht nur für dich bestimmt, damit du und dein Pferd gemeinsam Freude haben könnt.

Pferde- und Ponybegabungen

Ich fühle mich im Gelände richtig wohl. In der Natur kann ich viel Neues entdecken!

Springen ist absolut mein Ding!

Ich höre meinem Reiter gerne zu und mag es total, wenn wir knifflige Aufgaben meistern, bei denen ich ganz exakt und genau sein muss.

Ich bin vielleicht nicht so gut zu reiten, aber ich bin richtig toll im Erlernen von Tricks. Das macht mir riesigen Spaß. Und wenn ich dann auch noch ehrlich gelobt werde, dann fühle ich mich sehr wohl.

Wie sieht die richtige Reitvorbereitung aus?

Reiten sieht deutlich leichter aus, als es tatsächlich ist. Du hast sicherlich sowohl im Fernsehen als auch im tatsächlichen Leben schon viele Reiter auf Pferden gesehen, bei denen alles ganz einfach wirkt. Bei sehr guten Reitern gewinnt man beim Zuschauen schnell den Eindruck, dass das eigentlich jeder kann. Dahinter stecken allerdings sehr viel Fleiß, Zeit, Engagement, Mut und auch Begeisterung. Es ist wie bei jedem anderen **Sport** auch: Wer sich nicht bemüht, der kommt auch nicht weiter. Beim Reiten ist das Tolle, dass du mit einem Lebewesen gemeinsam lernen darfst. Das ist zwar eine Herausforderung, aber heute ist längst bewiesen, dass dich der Umgang mit einem Pferd sogar besser auf das Leben vorbereitet. Ist es nicht eine tolle Vorstellung, dass deine Lieblingsbeschäftigung nicht nur Spaß macht, sondern dich sogar fördert?

Infobox

Das Reiten und das Zusammensein mit uns Pferden gibt dir ganz viel:

- Du trainierst deinen Körper und wirst stärker.
- Du kommst mehr in dein Gleichgewicht und kannst dich besser ausbalancieren.
- Du wirst beweglicher.
- Du kannst dich länger konzentrieren.
- Du lernst Verantwortung für ein anderes Lebewesen.
- Du wirst ruhiger, geduldiger und gleichzeitig mutiger.
- Du bekommst ein Gefühl für Rhythmus.
- Du lernst, dir Ziele zu setzen und auch zu erreichen.

Wie lebt ein glückliches Reitpferd?

Du weißt jetzt schon, dass du ganz viel von Pferden lernen kannst – und das ist wirklich super. Allerdings ist dieses Lernen und auch die Freude, die du an diesen wundervollen Tieren hast, nur dann fair, wenn es den Pferden in deiner Umgebung auch gut geht. Es macht wenig Sinn, dass du alles von den Pferden und Ponys bekommst, es ihnen aber dabei schlecht geht. Freundschaft bedeutet, dass man gegenseitig aufeinander achtet.

Kayas Tipp

Früher hatte ich ein bisschen Angst vor Menschen und auch vor anderen Pferden. Dann habe ich aber bemerkt, dass man mich lieb hat. Dadurch habe ich auch das Teilen gelernt. Vorher wollte ich alles, was da war, für mich alleine, weil ich den Eindruck hatte, es reicht nicht für alle. Das stimmt aber gar nicht! Jetzt, da ich gesehen und gemocht werde, brauche ich nicht mehr kämpfen und verteile sogar Küsschen, weil ich so dankbar und glücklich bin. Es geht mir richtig gut und ich bin sehr froh darüber. Nun kann ich erst zeigen, wer ich wirklich in meinem Inneren bin.

Wer reiten möchte, der ist verpflichtet, ein gutes Auge für das Pferd zu haben. Reiten hat auch mit Verantwortung zu tun. Nicht nur der Reiter darf Freude haben und das Tier einfach nur ausnutzen. Es ist wichtig, dass sich die Pferde, die ja eigentlich ganz freiheitsliebende Lebewesen sind, wohl bei uns fühlen. Um ausreichend Kraft zu haben, einen Reiter zu tragen und freudig mitzuarbeiten, sollten Pferde so artgerecht wie möglich gehalten werden. Pferde sind Pferde! Das bedeutet, dass sie auch als solche behandelt werden wollen, ansonsten sind sie unglücklich.

Das ist allen Pferden ganz wichtig

Pferde sind Herdentiere. Sie brauchen unbedingt immer andere Pferde um sich herum, ansonsten bekommen sie Angst. Es ist ihnen wichtig, dass sie Kontakt zu Artgenossen haben, um sich sicher zu fühlen. Darum sollte kein Pferd alleine gehalten werden, sondern immer in einer Gruppe. Zumindest sollten sie sich gegenseitig sehen und auch riechen können.

Pferde brauchen unbedingt ausreichend Raufutter (Heu und Gras). Ihr ganzer Körper ist darauf ausgerichtet, ständig Nahrung aufzunehmen. In der Natur grasen Pferde fast immer. Es ist also wichtig, damit sie gesund bleiben, dass sie am besten den ganzen Tag über Heu und Gras bekommen. Kraftfutter (Müsli oder Getreide) ist zusätzlich für Sportpferde, die viel leisten, in Ordnung. Gras und Heu kann es aber niemals ersetzen.

Bewegung ist für alle Pferde ganz wichtig, damit sie ausgeglichen sind. In der Natur laufen Pferde auch sehr viel. Sie wandern den ganzen Tag gemeinsam. Aber auch die Pferde und Ponys, die bei uns Menschen leben, brauchen ganz viel Bewegung, ansonsten sind sie angespannt und werden schreckhaft. Sie benötigen also richtig viel Platz, um sich auszutoben.

Viel frische Luft ist für Pferde sehr wichtig. In einer Boxengassen kann es ganz schön stickig und staubig werden. Das macht Pferde irgendwann krank. Außerdem brauchen sie auch viel Licht, um gesund zu bleiben. Richtig wohl fühlen Pferde sich also nur draußen im Freien – auch im Winter, wenn es kalt ist.

Wenn Pferde entscheiden könnten, dann würden die meisten am liebsten in einem **Offenstall** wohnen. Dort können sie „frei" gemeinsam mit ihren Freunden leben, sich bewegen, wie sie wollen, und die ganze Zeit frische Luft atmen. Wenn dann noch durchgehend gutes Heu zum Mümmeln und immer frisches Wasser da sind, fehlt dem Pferdeherz nichts mehr. Im Sommer können die Pferde und Ponys dann Tag und Nacht auf eine Wiese, die ihnen immer sattes Gras zur Verfügung stellt. Ein sicherer Unterstand schützt sie vor größeren Schauern, der manchmal brennenden Sonne oder dem Wind. So kann sich auch jedes Pferd mal zurückziehen, wenn es will, und sich ein bisschen ausruhen.

Leider sieht das Pferdeleben für sehr viele Tiere in Deutschland nicht so schön aus. Oft werden Pferde und Ponys in **Boxen** gehalten. Das ist natürlich sehr, sehr eng. Sie können sich dort kaum bewegen, höchstens mal drehen. Viele Pferde sind damit unzufrieden, obwohl sie es irgendwann vielleicht für normal halten, weil sie es nicht anders kennen. Das macht es aber nicht unbedingt besser. Und auch Pferde, die in einer kleinen Box leben müssen, wollen natürlich zumindest am Tag raus auf die Wiese oder ein Paddock, wo sie sich austoben, spielen und wälzen können.

Dieses Pferd hat wenigstens ein Fenster, sodass es zwischendurch rausschauen kann. Pferde sind nämlich neugierig und erkunden gerne ihre Umgebung.

Die Luft ist in einer Box nicht so gesund und manche Tiere haben zudem kaum direkten Kontakt zu ihren Freunden. Natürlich gibt es auch Pferde, die sich untereinander nicht so gut verstehen – das muss man berücksichtigen, aber es gibt kein einziges Pferd auf dieser Welt, das böse oder verärgert geboren wurde. Höchstens sind sie so unglücklich über ihr Leben, dass sie es ja irgendwie mitteilen müssen…

So unterschiedlich leben Pferde

Es ist so unglaublich langweilig hier! Das Rumstehen macht mich müde, obwohl ich mich eigentlich bewegen will. Hoffentlich kommt gleich jemand, der sich mit mir beschäftigt!

Ich bin sehr, sehr unglücklich und traurig! Du kannst das an meinen Augen sehen. Ich werde nur benutzt, aber nicht geliebt!

Ich vermisse meine Freunde sehr! Sie fehlen mir richtig tief in meinem Herzen. Vielleicht kann ich zumindest jemanden sehen, wenn ich lange genug warte.

Hier lässt es sich gut leben! Wir sind zufrieden und glücklich. Wir haben alles, was wir brauchen. Wenn später noch unsere Reiter kommen, dann freuen wir uns auf sie. Es ist toll, dass sie so gut für uns sorgen.

Du siehst, dass der Umgang mit einem Pferd, dessen Haltung und natürlich auch das Reiten nicht nur mit Spaß zu tun haben, sondern auch mich **Verpflichtungen**. Diese sollten nicht nur die Erwachsenen übernehmen. Auch du, obwohl du noch ein Kind bist und nicht so viel Erfahrung hast, kannst sehr genau hinschauen, ob es dem Pferd, das du reiten möchtest, gut geht.

Um zu überprüfen, ob ein Pferd zufrieden und glücklich ist, kannst du dir diese Fragen stellen:

1) Kommt das Pferd wenigstens den ganzen Tag auf die Wiese oder ein Paddock, um toben zu können, damit es ausgelastet ist?

2) Wenn es nachts in einer Box schlafen muss, ist diese zumindest sauber und wird jeden Tag gemistet, damit es nicht im Dreck liegen muss?

3) Hat es durchgehend Kontakt mit Artgenossen, damit es nicht einsam ist?

4) Darf es, wenn es frei hat, also nicht geritten wird, immer Heu mümmeln, damit es keinen Hunger hat?

5) Hat es stets Wasser zur Verfügung, damit es nicht dursten muss?

6) Wie sehen die Augen des Pferdes aus – traurig oder strahlend/wach?

7) Wie ist die Körperhaltung des Pferdes – aufrecht oder lässt es oft den Kopf hängen?

8) Sind Sattel, Satteldecke und Zaumzeug (Trense) sauber und gepflegt?

9) Wenn das Pferd mal krank ist (was immer passieren kann), kümmert sich dann jemand liebevoll um es? Kommt der Tierarzt?

10) Bekommt es nach dem Reiten genug Pausen und auch freie Tage, damit es nicht nur arbeiten muss, sondern sich auch erholen darf?

Das sind auf den ersten Blick viele Punkte, auf die du achten solltest. Allerdings musst du auch nicht alles sofort sehen; es reicht, wenn du dich zuerst auf einige Dinge konzentrierst und dann langsam die Liste weiter durchgehst. Keiner kann immer alles wissen und alles sehen, aber wir können durch Übung immer besser und aufmerksamer werden. Die Pferde und Ponys sind dir auf jeden Fall richtig dankbar dafür, denn sie fühlen sofort, dass du dich um ihr Wohlergehen sorgst und kümmerst.

Wo bekomme ich guten Reitunterricht?

Wahrscheinlich hast du kein eigenes Pferd oder Pony, obwohl es vermutlich ein ganz großer Wunsch von dir ist. Sollten deine Eltern oder Verwandte Pferde haben, dann ist das natürlich ganz toll, aber eine Ausnahme. Die meisten Kinder, die reiten wollen, müssen in eine professionelle **Reitschule** gehen, um Pferde kennenlernen zu dürfen und das Reiten zu lernen. Was sich so leicht anhört, ist es oft gar nicht, denn eine wirklich gute Reitschule mit einem richtig guten Reitlehrer zu finden, ist nicht schnell erledigt. Es gilt auf einiges zu achten:

Der erste Eindruck

Wie fühlst du dich auf dem Reiterhof? Bist du willkommen und wirst nett begrüßt?

Haben die Pferde ein glänzendes Fell und glänzende Augen? Sehen sie gut genährt, also gesund und munter aus?

Ist die Anlage sauber und ordentlich?

Sind die Pferde neugierig und freundlich?

Ein Blick auf die Schulpferde

Gibt es Pferde und Ponys mit verschiedenen Größen, damit eines ausgesucht werden kann, für das du weder zu klein noch zu groß bist? Das ist wichtig, denn ansonsten ist das weder für dich noch für das Pferd passend. Auch bist du ja noch im Wachstum, was bedeutet, dass du irgendwann ein größeres Pferd brauchst, um weiter reiten und auch lernen zu können. Gut ist auch, wenn die Pferde unterschiedliche Reitstile beherrschen, damit du ausprobieren kannst, welche Reitweise dir liegt.

Hat jedes Pferd eigenes Sattelzeug in einem guten Zustand? Es sollten weder Risse noch brüchige Stellen zu sehen sein. Auch die Sauberkeit spielt eine Rolle. Hat jedes Pferd eigenes Putzzeug, damit keine möglichen Krankheiten von einem Pferd auf ein anderes übertragen werden?

Lernst du zunächst die richtige Pferdepflege, das Satteln und Aufzäumen deines Reitpferdes? Sind die Pferde (auch bei Anfängern) brav im Umgang? Lassen sich die Pferde gut führen und orientieren sich am Menschen, weil sie gut behandelt werden?

Gehen die Pferde im Unterricht fleißig vorwärts? Reagieren sie gut auf die Hilfen der Reitschüler (ohne Gertenschläge, Tritte in den Bauch oder Ziehen an den Zügeln)? Buckeln, scheuen, steigen oder treten manche Pferde? Wenn du das mehrfach beobachten kannst, dann geht es den Pferden nicht gut. Wahrscheinlich haben sie Schmerzen oder sind sehr müde und unglücklich!

Ein Blick auf den Reitunterricht

Deine Lehrer in der Schule kannst du dir zwar nicht aussuchen, aber deinen Reitlehrer schon. Um wirklich mit Spaß lernen zu können, solltest du deinen Reitlehrer gerne mögen. Ist er freundlich zu dir? Ist er geduldig und erklärt dir genau, was er möchte, damit du auch alles verstehst? Beantwortet er deine Fragen und fühlst du dich ernst genommen?

Erklärt der Reitlehrer dir die Ziele, die du erreichen kannst? Fragt er dich auch nach deinen Wünschen und Vorstellungen? Sagt er dir, wenn du einen Fehler machst und hilft dir, es dann besser zu machen? Ist der Unterricht abwechslungsreich? Darfst du auch Vorschläge machen oder hat der Reitlehrer ein Programm, das einfach durchgezogen wird?

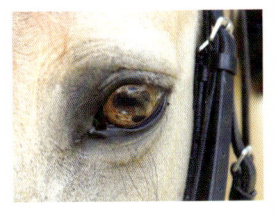

Beschränkt sich der Unterricht nur auf das Reiten oder geht es auch um Fragen rund um Haltung, Fütterung und Pferdepflege? Ist der Reitlehrer gut zu den Pferden und Ponys? Überprüft er die Gesundheit und das Wohlbefinden der Tiere? Achtet er immer auf die größtmögliche Sicherheit aller Schüler und Pferde?

Müssen alle Pferde immer nur im Kreis laufen oder gibt es auch Spiele und auflockernde Übungen? Lernst du auch Bodenarbeit, damit du sicher im Umgang mit Pferden wirst und eine Beziehung zu den Tieren aufbauen kannst?

Ein guter Reitlehrer muss viel können: Er sollte nicht nur zu den Pferden gut sein, sondern auch zu dir. Es ist wichtig, dass du alles verstehst, was er sagt und von dir fordert. Immerhin sitzt du auf einem dir anfangs völlig unbekannten Tier, das viel mehr wiegt als du, schneller laufen kann als du und auch viel stärker ist. Da darf man ruhig ein bisschen Respekt haben und auch ein wenig Angst bekommen. Diese Sorgen, die jeder zunächst hat, der das Reiten lernt, sollte der Reitlehrer dir nehmen können; dich also nicht damit alleine lassen, sondern dir dabei helfen, dass du dich sicher und gut aufgehoben fühlst. Am Anfang ist es nämlich sehr ungewohnt, auf einem so großen Tier zu sitzen, das dich durch die Gegend trägt. Du kannst dir vorstellen (oder weißt das längst), dass es auch ziemlich wackelig ist, wenn ein Pferd sich unter dir bewegt. Wie bei allen Reitschülern, brauchst du Zeit, um dich daran zu gewöhnen, nicht selbst zu laufen, sondern einem Pferd zu vertrauen. Das bedeutet, dass du ausprobieren darfst, wie sich das Reiten anfühlt, damit du merkst, was du mit deinem Körper machen musst und keine Angst zu haben brauchst. Das ist ganz normal, denn auch die besten Reiter dieser Welt haben irgendwann das erste Mal auf einem Pferd gesessen und sich unsicher gefühlt.

Es braucht Zeit, um sich aneinander zu gewöhnen und sich sicher zu fühlen, wenn man von einem Pferd getragen wird. Aber keine Sorge: Wenn es deinem Reitpferd gut geht, dann hilft es dir gerne, dein Gleichgewicht zu finden.

Was wird alles zum Reiten gebraucht?

Sowohl das Pferd als auch du sollten ausgestattet und eingekleidet werden, bevor es ans Reiten geht. In speziellen Fachgeschäften kann man ziemlich viel für den Pferdesport einkaufen. Teuer muss aber nicht immer besser sein und für die ersten Reitversuche reichen eine gemütliche Hose und ein Paar alte Stiefel oder Boots, die über deine Knöchel reichen und einen kleinen Absatz haben, damit du Halt in den Steigbügeln hast. Jeans sind in englischen Sätteln nicht so gut, weil sie durch die Nähte Scheuerstellen an deinen Beinen hinterlassen, was etwas schmerzhaft werden kann. Im Westernsattel sind Jeans hingegen passend – wie bei den Cowboys.

Was allerdings gar nicht zur Diskussion steht – ganz gleich, welche Reitweise du ausprobieren möchtest –, ist ein Reithelm. Er sollte aus einem Fachgeschäft sein, vorschriftsmäßig, passend und gut belüftet. Da du ihn viel tragen musst, und ein guter Reitlehrer dich gar nicht ohne ihn auf ein Pferd lässt, solltest du ihn anprobieren, dich beraten lassen und dich damit richtig wohlfühlen.

Natürlich sieht das Reiten ohne Helm oder mit einem Cowboyhut „cooler" aus. Aber kommt es darauf an? Die Pferde interessiert ohnehin nicht, wie du aussiehst und alle anderen tragen ja auch einen Helm. Und solltest du doch mal runterfallen, dann wirst du für den Schutz an deinem Kopf dankbar sein.

Außerdem gibt der Helm dir beim Reiten innere Sicherheit, was dich lockerer werden lässt.

Sollte dir das Reiten Spaß machen und du entscheiden, dass du dranbleiben möchtest, dann lohnt sich eine Reithose. Diese sollte dir sehr gut passen, keine Falten schlagen und bequem sein. Es gibt Reithosen, die mit Stiefeln getragen werden und solche, die einen Lederbesatz haben.

Geritten werden sollte nur mit Schuhen, die einen Absatz haben und über deine Knöchel gehen. Mit Turnschuhen kannst du durch die Steigbügel rutschen und dich verletzen. Es gibt lange Reitstiefel, die deine Waden schützen, aber auch Stiefeletten gemeinsam mit Chaps. Wenn du lieber ein Westernpferd reiten möchtest, dann gibt es natürlich auch dafür passende Boots und Cowboystiefel.

Obenherum kannst du ganz normale Jacken oder Pullover tragen. Zusätzlich kannst du eine Sicherheitsweste anziehen – vor allem im Gelände oder beim Springen ist sie sehr sinnvoll und schützt dich. Allerdings macht dich die Weste auch unbeweglich. So eingeschränkt kann es etwas schwieriger werden, an deiner Beweglichkeit und deiner Balance auf dem Pferd zu arbeiten. Am besten probierst du aus, ob sie dir hilft, dich besser zu fühlen oder ob du erst später, wenn du mal ausreiten oder springen möchtest, auf sie zurückgreifst.

Checkliste: Meine Reitkleidung

- **Reithelm**: sicher, vorschriftsmäßig, passend und gut belüftet
- **Reithose**: passt gut, gemütlich und schlägt keine Falten
- **Reitschuhe**: bequem, belüftet, haben einen Absatz und gehen über die Knöchel
- **Sicherheitsweste**: passend, stört nicht und ist vorschriftsmäßig
- **Oberbekleidung**: gemütlich, nicht zu weit und der Wetterlage angepasst
- **Handschuhe**: Helfen dir beim Reiten und auch beim Führen/Longieren, deine Hände zu schützen (sollte das Pferd mal zur Seite springen).
- **Gerte und Sporen**: Sind etwas für sehr erfahrene Reiter und auch nur als Hilfen gedacht, um dem Pferd bessere Signale geben zu können. Gerte und Sporen können Pferde bei schlechter Anwendung verletzen.

Wenn du gut eingekleidet bist, dann ist dein Reitpferd dran. Alles, was das Pferd an **Ausstattung** braucht, um geritten werden zu können, sollte wirklich sehr gut passen. Sättel und Trensen können es nämlich ansonsten stören oder sogar schmerzhafte Scheuerstellen verursachen.

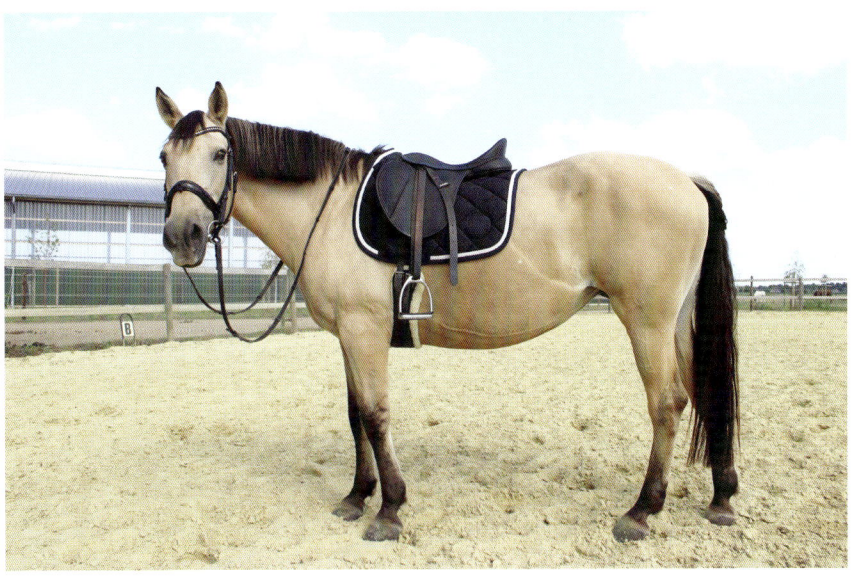

Peppers Tipp

Ich bin schon mit vielen verschiedenen Sätteln und auch Trensen geritten worden. Manche hatten ein Gebiss drin und andere nicht. Einige haben mir wehgetan und andere waren angenehm. Ich habe meinen Reitern immer gezeigt, wenn mir etwas gefiel oder eben nicht. Es ist wichtig, dass du auf dein Reitpferd achtest. Es zeigt dir, ob es zufrieden ist oder ob es Schmerzen hat. Höre auf dein Pferd, nur dann könnt ihr als Team tolle Reitstunden miteinander verbringen. Alles andere ist unfair!

Zaumzeug und Sattel müssen dem Pferd passen, damit es sich wohlfühlt.

Englische Sättel

Maxflex by DP

Dressursättel haben lange und gerade ge-
schnittene Sattelblätter und eine vertiefte
Sitzfläche. Sie werden mit Kurzgurten am
Pferd befestigt, damit die Schnallen des
Gurtes nicht unter dem Oberschenkel des
Reiters liegen. Bei einem gestreckten Bein
würde das nämlich ansonsten unangenehm
für den Reiter werden. Dressursättel haben
keine Wadenpauschen, dafür aber sehr
starke Kniepauschen. Dadurch ist es für den
Reiter „gemütlicher" zu sitzen.

Ein Springsattel ist ganz anders als ein
Dressursattel. Er hat ein weit nach vorne geschnittenes Sattelblatt, das eher kurz ist, und
wird mit einem Langgurt am Pferd befestigt.
Die Sitzfläche ist flach. Springsättel haben
meist stärkere Knie- und Wadenpauschen.
Diese halten das Bein des Reiters über dem
Sprung in der richtigen Position. Das Sattelblatt ist kurz, weil die Steigbügel beim

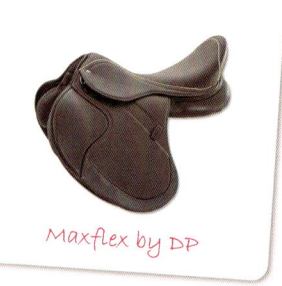

Maxflex by DP

Springen auch kurz geschnallt sind. Der Reiter sitzt mit stark ange-
winkelten Beinen auf dem Pferd.

Maxflex by DP

Der Vielseitigkeitssattel ist eine Mischung aus
Dressur- und Springsattel. Er hat ausgeprägte
Knie- und Wadenpauschen sowie ein leicht
nach vorne geschnittenes und halblanges
Sattelblatt. Die Befestigung des Sattelgurtes
kann entweder mit Lang- oder Kurzgurten
erfolgen. Vielseitigkeitssättel gibt es in vielen
Varianten – ganz nach Belieben des Reiters.
Er ist oft die „goldene Mitte" zwischen Dressur-
und Springsattel.

Das solltest du wissen:

- Sättel sind zwar meist aus Leder, aber es gibt sie auch aus Kunststoff.
- Schulpferde werden oft in Vielseitigkeitssätteln geritten, weil sie eine
  Zwischenform sind.
- Mit einem Dressursattel kannst du anfangs auch springen, aber wenn
  die Hindernisse höher werden, dann ist ein Springsattel geeigneter.

Westernsättel

DP Reiner

Reiningsättel haben ein eher niedriges Horn (daran haben die Cowboys früher das Lasso befestigt), damit der Reiter besser die Zügel führen kann. Die Sitzfläche ist meist groß, um die Gewichtshilfen gut geben zu können. Ein Reiningreiter braucht viel Bewegungsfreiheit. Die Rückenlehne ist nicht so steil, sondern nur ein wenig erhöht, um dem Reiter z. B. beim rasanten Stoppen noch ein bisschen Halt zu geben. Der Reiningsattel ist sehr gut dazu geeignet, Pferde auszubilden und mit ihnen zu arbeiten (auch für andere Westernreitweisen).

Ein Cuttingsattel hat einen flachen Sitz ohne Sitzmulde. Das Horn ist sehr hoch. Du erinnerst dich: Beim Cutting gibt der Reiter dem Pferd keine weiteren Zügelhilfen und hält sich am Sattelhorn fest. Genau dafür ist ein Cuttingsattel perfekt geeignet.

DP Cutter

Quantum Western

Ein richtig guter Wanderreitsattel sollte für Reiter und Pferd passend und gemütlich sein, denn es geht gemeinsam für längere Zeit in die Natur. Der Sattel sollte also großflächig auf dem Pferderücken aufliegen, damit sich das Reitergewicht gut verteilt. Auch eine sinnvolle Vorrichtung, um das Gepäck zu befestigen, gehört dazu.

Das solltest du wissen:

- Westernsättel sind ziemlich schwer. Lass dir beim Satteln also helfen!
- Ein Westernsattel ist leicht zu erkennen, da er vorne am Sattel ein Horn hat, an dem die Cowboys früher das Lasso befestigt haben.
- Jede Westernreitweise hat eine eigene Art von Westernsattel, weil sich die Reitstile voneinander unterscheiden.
- Westernsättel sind meistens bequem, weil die Cowboys früher in diesen Sätteln über mehrere Stunden ihre Arbeit erledigen mussten.

Genau wie bei den Sätteln gibt es auch bei den **Kopfstücken bzw. Trensen**, an denen die Zügel befestigt sind, damit du ein Pferd lenken kannst, ganz unterschiedliche Möglichkeiten und Meinungen. Da Reitpferde und auch Reitweisen ganz verschieden sind, sehen auch die Zäumungen ganz unterschiedlich aus. Während manche Reiter und Ausbilder auf ein Gebiss im Maul des Pferdes schwören, damit es gesund bleibt, lehnen andere Eisen im Pferdemaul ab, weil sie das ungesund und falsch finden. Das ist sicherlich für dich schwierig zu verstehen, weil die Meinungen so gegenteilig sind, aber diese wichtigen Punkte gelten auf jeden Fall für alle:

Darauf muss geachtet werden!

1) Eine Zäumung – egal, ob nun mit oder ohne Gebiss – muss dem Pferd richtig gut passen.

2) Eine Zäumung darf das Pferd nie stören oder Scheuerstellen hinterlassen.

3) Wird ein Gebiss verwendet, dann muss es zum Maul des Pferdes passen.

4) Die Pferdezähne müssen immer kontrolliert werden, damit ein Gebiss das Pferd nicht stört.

5) Je schärfer das Gebiss, desto feinfühliger muss die Reiterhand sein.

6) Stangengebisse (Kandaren) dürfen nur von Profis verwendet werden.

Zäumungen mit Gebiss

Mit einer Wassertrense werden sehr viele Pferde geritten. Sie wird beim Englischreiten und auch beim Westernreiten genutzt. Das Mundstück besteht aus zwei Seitenteilen. In der Mitte sind diese mit einem einfachen oder doppelten Gelenk miteinander verbunden. Eine Wassertrense hat keine Hebelwirkung. Das bedeutet, dass sie sich auf den Zug im Maul des Pferdes beschränkt. Trotzdem kann auch eine Wassertrense bei schlechter Zügelführung (z. B. das einseitige Reißen an den Zügeln) einem Pferd Schmerzen im Maul zufügen.

2 Seitenteile

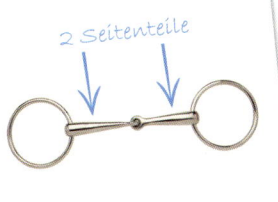

Bei einer Olivenkopftrense ist der Trensenring fest am Gebiss angebracht. Dadurch „wackelt" das Gebiss weniger im Pferdemaul. Aber eine unruhige Reiterhand sorgt natürlich trotzdem für mehr Bewegung im Maul des Pferdes.

fest verankert

3 bewegliche Teile

Ein doppelt gebrochenes Trensengebiss besteht aus drei beweglichen Gebissteilen. Es gibt ganz viele verschiedene Ausführungen. Ein doppelt gebrochenes Gebiss kann dem Pferd an den Laden und der Zunge wehtun und sie einquetschen, wenn der Reiter keine feinfühlige Hand hat.

Hebelgebisse sind Stangengebisse, die sehr hart auf das Pferdemaul einwirken können. Wenn jemand richtig gut reitet, dann kann er mit einer Kandare auch sehr fein auf das Pferd einwirken. Ein Anfänger kann das natürlich noch nicht! Zu den üblichen Hebelgebissen zählen die Spring- sowie Dressurkandaren (wie hier auf dem Bild), das Pelham und ganz verschiedene Kandarenformen aus anderen Reitweisen.

feste Stange

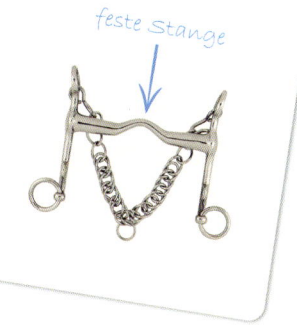

Gebisslose Zäumungen

Das Sidepull ist eine Art Halfter mit einem verstärkten Nasenriemen, der meistens aus Leder oder Rohhaut ist. Es wirkt vor allem auf die Pferdenase ein. Wie der Name es sagt, kann der Pferdekopf damit gut zur Seite bewegt werden. Ein Pferd sollte sicher an den Hilfen stehen, um mit einem Sidepull geritten werden zu können.

Der Kappzaum wird oft bei der Bodenarbeit oder zum Longieren verwendet. Er soll eng am Pferdekopf anliegen. Gut erkennen kann man ihn an den drei Ringen (rechts, links und mittig) auf dem Nasenteil. An diesen drei Ringen kann entweder die Longe (Bild unten) befestigt werden oder links und rechts die Zügel (Bild oben), um zu reiten. Der Kappzaum wirkt vor allem auf die Nase/den Oberkiefer des Pferdes ein.

Die Kalifornische Hackamore (auch „Bosal" genannt) wird schon sehr, sehr lange von den „Vaqueros" (Cowboys) verwendet. Das Bosal ist das Nasenteil. Aus der „Mecate" werden die Zügel und auch ein Leitseil zum Führen geknüpft. Die Zügel sind meistens aus echtem Pferdehaar gemacht und werden mit einem Spezialknoten befestigt. Eine Kalifornische Hackamore gehört nur in Profi-Hände, weil sie auch scharf einwirken kann.

Du siehst, es gibt unglaublich viele Möglichkeiten, dein Reitpferd „einzukleiden". Das Wichtigste ist allerdings, dass es sich wohlfühlt. Das Pferd sollte gerne mit dem Sattel und der Zäumung, die für es ausgewählt wurden, geritten werden. **Zwang und Gewalt** sollten beim Reiten nämlich keine Rolle spielen. Immerhin möchtest du mit deinem Pferd eine Partnerschaft aufbauen; da passt es nicht zusammen, wenn einer den anderen unterdrückt, ihm etwas aufdrängt oder nur an sich selbst denkt. Freundschaft bedeutet, dass man sich gegenseitig zuhört und die Gefühle des anderen wichtig findet.

Dazu noch eine interessante Info, die dich vielleicht überrascht:

Infobox

Der Sperr-Riemen (auch Kinn- oder Nasenriemen genannt), den du links auf dem Foto siehst, ist an sehr vielen Trensen angebracht. Eigentlich kommt der Sperr-Riemen aus der Militärzeit, als die Pferde den Menschen im Krieg gedient haben. Damals hatte er auch einen Sinn: Durch ihn wurde der Pferdekiefer geschützt, und zwar bei Stürzen. Ansonsten gab es viele Kieferbrüche, die durch den Sperr-Riemen deutlich weniger wurden. Heute ist er nicht mehr nötig – schon gar nicht für Freizeitreiter! Auch kann der Sperr-Riemen (besonders, wenn er zu eng oder falsch angebracht ist) ganz viele Nachteile für das Pferd haben:

1) Es kann nicht mehr richtig schlucken.
2) Dadurch kann es schlimme Magenschmerzen bekommen.
3) Es kann nicht mehr richtig atmen, was es verängstigt.
4) Es kann seinen Kiefer nicht mehr gut bewegen.
5) Es hat überall Muskelschmerzen (vor allem am Hals und am Rücken).
6) Es wird sauer und wehrt sich gegen das Reiten.

Du fragst dich vermutlich, warum so viele erwachsene Reiter einen **Sperr-Riemen** verwenden, wenn er so schlecht sein kann für die Pferde. Die Antwort ist ganz leicht: Die meisten wissen es nicht besser. Sie denken, dass das so richtig ist, weil es alle machen oder weil das Ding schon an der Trense dran war, als sie diese gekauft haben. Einige finden den Riemen einfach schön oder sind seit Jahren daran gewöhnt. Andere gehen sogar noch weiter:

Warum wird der Sperr-Riemen genutzt?

Weil mein Pferd sonst das Maul aufsperrt und die Zunge rausstreckt!
Dann schmerzt die Trense und/oder das Gebiss. Was soll es anderes tun, wenn ihm alles wehtut. Das Maul mit einem Riemen zuzusperren, ist gemein. Wäre es nicht besser, herauszufinden, aus welchem Grund das Pferd sich gegen das Gebiss wehrt und daran zu arbeiten, anstatt es zu zwingen?

Weil mein Pferd das Gebiss/die Trense nicht leiden kann!
Dann ist es vielleicht nicht das richtige Gebiss für das Pferd. Es gibt viele Gebisse und auch viele Zäume, die ausprobiert werden können, bevor dem Pferd einfach das Maul zugesperrt wird. Vielleicht hat es Entzündungen, Unwohlsein oder Schmerzen. Darauf muss doch Rücksicht genommen werden!

Weil die Anfänger und unerfahrenen Reiter dem Pferd sonst im Maul ziehen!
Dann müssen diese Reiter zuerst noch an der Longe lernen, bevor sie ein Pferd alleine lenken dürfen. Sie sollten an ihrem Sitz arbeiten, damit sie sich nicht mehr an den Zügeln festhalten müssen. Der Sperr-Riemen hält das Pferdemaul ohnehin nicht ruhiger, sondern sperrt es einfach nur zu.

Du hast nun einen sehr guten Überblick über die verschiedenen Ausstattungen, die es für Pferd und Reiter gibt. Allerdings ist das zur Vorbereitung auf das Reiten noch lange nicht alles. Wirklich gute „Pferdeflüsterer" wissen, dass es vor allem auf den Umgang mit dem Pferd ankommt, um eine Freundschaft aufzubauen. Dazu gibt es einen klugen Spruch: „Was am Boden nicht klappt, das brauchst du im Sattel erst gar nicht zu versuchen!" Natürlich flüstern „Pferdeflüsterer" nicht wirklich. Gemeint ist damit, dass sie die Pferde sehen, wissen, was sie brauchen, um glücklich zu sein, und richtig gut mit ihnen kommunizieren können. „Kommunizieren" bedeutet, dass Mensch und Pferd sich über Körpersprache austauschen – ganz so, wie die Pferde es auch untereinander tun. Pferde „sprechen" die ganz Zeit mit uns, und zwar dadurch, wie sie ihren Körper bewegen (= Gestik) und kleine oder auch größere Bewegungen mit ihrem Gesicht machen (= Mimik). Das nennt man „Ausdruck". Du kannst das sehr gut beobachten und die Veränderungen bemerken, wenn du dir etwas Zeit nimmst und genau aufpasst. Dann wird dir nach und nach auffallen, was die Pferde zu „sagen" versuchen.

Die meisten Pferde sind sehr „gesprächig". Untereinander und auch mit den Menschen „erzählen" sie ganz viel. Meistens geht es darum, was sie gerade fühlen und was ihnen im Moment wichtig ist. Sie sind dabei immer ehrlich!

Wie geht Bodenarbeit?

Damit du die Signale deines Pferdes mitbekommst, solltest du immer so konzentriert und aufmerksam wie möglich sein. Im Umgang mit Pferden gibt es einige **Regeln**, die du beachten solltest.

Wichtige Regeln im Umgang

- Du solltest immer bei der Sache sein. Lass dich nicht von anderen ablenken, sondern konzentriere dich auf dein Pferd und auch auf die Umgebung.
- Träumen, quatschen oder mit dem Handy spielen sind tabu. Ansonsten bekommst du nicht mit, dass sich die Stimmung deines Pferdes verändert (z. B. Angst) und du wirst durch sein Verhalten nicht nur überrascht, sondern reagierst auch zu langsam.

- Wickle dir niemals den Führstrick um die Hand, weil er dir zu lang ist. Erschreckt sich dein Pferd, dann reißt es dich mit. Nutze lieber beide Hände beim Führen.
- Bevor du den Strick vom Halfter löst, drehe das Pferd erst zu dir um. Löst du ihn im Laufen, wenn du das Pferd z. B. auf die Wiese bringst, dann könnte es übermütig losstürmen, dabei aus Versehen vor lauter Freude ausschlagen und dich treffen.

- Füttere nur Pferde aus der Hand, die das gut kennen und nicht missverstehen (drängeln, betteln, beißen). Am besten lässt du das Füttern aus der Hand ganz bleiben, weil Pferde sonst lernen, dass dein Körper dazu da ist, um Futter zu geben.
- Lege Leckereien, die du deinem Pferd zur Belohnung geben möchtest, in den Trog.

- Binde ein Pferd immer nur an dafür vorgesehenen stabilen Pfosten oder eingemauerten Ringen an. Lass das Pferd nie alleine, damit es sich nicht losmacht und einen Spaziergang unternimmt. Auch kannst du, wenn du anwesend bist, eingreifen, sollte das Pferd sich vor etwas erschrecken und in Panik geraten.

- Der Anbindeplatz sollte ein ruhiger und sicherer Ort sein. Es sollte nichts herumstehen, das umfallen kann. Auch sollten keine Sachen auf dem Boden liegen, in die das Pferd hineintreten könnte.

- Kündige dich einem Pferd, dem du dich nähern möchtest, immer rechtzeitig an. Schleiche dich nicht von hinten an, sondern stelle sicher, dass das Pferd dich gesehen hat, damit es sich nicht erschreckt.

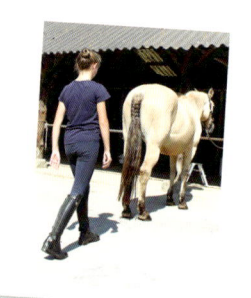

- Lerne die einzelnen Pferde, mit denen du umgehst, gut kennen. Ihre Ängste sind unterschiedlich. Wenn du weißt, wer aus welchen Gründen wie reagiert, dann bist du besser vorbereitet.

- Lass dir von einem guten Trainer zeigen, wie er es schafft, ein aufgeregtes Pferd zu beruhigen.

- Es ist wichtig, dass auch du lernst, stets ruhig und konzentriert zu bleiben. Ein Pferd soll sich an dir orientieren. Wenn du Angst bekommst, dann wird auch die Angst des Pferdes schlimmer. Was hilft dir, entspannt zu bleiben?

- Ein Anfänger sollte nie etwas ganz alleine mit einem Pferd machen - auch nicht putzen, spazieren gehen oder satteln.

- Solltest du dich überfordert fühlen, dann hole dir immer Hilfe. Das ist keine Schande, sondern zeigt, dass du lernen möchtest. Ganz gleich, um was es geht, erfahrene Pferdemenschen werden dir sicher helfen.

Was bedeuten „Vertrauen" und „Respekt"?

Vertrauen und **Respekt** sind Pferden besonders wichtig. Viele Reiter denken, dass sie ihre Lieblingspferde mit Leckerchen „bestechen" können oder sich ihre Zuneigung durch Streicheln und nette Worte erkaufen können. Das stimmt aber nicht! Das klappt nie! Pferde denken und fühlen nicht wie Menschen. Und auch Menschen lassen sich nicht durch Geschenke dazu kriegen, jemanden zu mögen. Sie tun vielleicht so, aber das ist nicht immer die Wahrheit. Wahre Freundschaft geht anders. Sie ist nämlich echt, ehrlich und hat nichts damit zu tun, wie jemand aussieht oder was er oder sie alles besitzt. Pferden ist ohnehin alles, was Menschen oft wichtig ist (Erfolg, Schönheit, Reichtum), völlig gleichgültig. Sie sehen das gar nicht. Aber sie sehen etwas anderes ganz klar und deutlich: dein Herz, deine Gefühle, deine Einstellung und vor allem deine Ehrlichkeit. Wenn jemand also nur so tut, als wäre er der Chef und wüsste alles, dann merken Pferde sofort, dass das nicht wahr ist. Wenn jemandem nur wichtig ist, wie er von anderen gesehen wird und nicht er selbst ist, dann erkennt das jedes Pferd auf dieser Welt. Sie werden diesen Menschen nicht folgen, ihnen nicht vertrauen und auch nur dann auf sie „hören", wenn es ihnen gerade in den Kram passt.

Du fragst dich vielleicht, wie die Pferde solche „Zauberer" sein können und das alles wissen, was wir Menschen auf den ersten Blick bei anderen gar nicht sehen können?! Pferde sind die besten Experten im Lesen der Körpersprache. Jemand muss nicht reden, um von einem Pferd verstanden zu werden. Mit „Zauberei" hat das nichts zu tun, sondern liegt in ihrer Natur.

In wenigen Sekunden entscheidet ein Pferd, ob jemand die **Führung** übernehmen kann, also ein richtiger Anführer ist, oder eher unsicher wirkt und schlechte Entscheidungen treffen wird. Hängende Schulter, ein schiefgehaltener Kopf, verkrampfte oder hektische Bewegungen verraten einem Pferd ganz viel über den Menschen, der ihnen gegenübersteht. Auch innere Unsicherheit oder Angst spüren sie ganz genau. Hingegen folgen sie gerne einem Menschen, der aufrecht geht, mit beiden Beinen fest auf dem Boden steht, regelmäßig atmet und sich ruhig bewegt.

Peppers Tipp

Ich bin in meinem Leben schon vielen Menschen begegnet. Die meisten tun nur so, als wären sie stark. Ihr seid sowieso schwächer als wir und das wissen wir auch. Aber wenn mal jemand dabei ist, der weiß, was er möchte und auch davon überzeugt ist, dann gehe ich gerne mit. Die anderen ignoriere ich. Nerven sie mich, weil sie etwas beweisen wollen, dann ärgere ich sie so lange, bis sie aufgeben. Und die „Schaumschläger" geben alle früher oder später auf. Darum gebe ich dir einen Geheimtipp: Nur, wenn du tatsächlich entschlossen und überzeugt bist, wird das deine Körpersprache auch ausstrahlen! Dann glaubt dir dein Pferd!

Wenn du mal darüber nachdenkst, ist das alles ziemlich klug von den Pferden. Warum sollten sie tun, was jemand bestimmt, der eigentlich nicht weiß, wovon er spricht? Aus welchem Grund sollten sie jemandem vertrauen, der zwar aussieht wie ein richtiger Reiter, aber in seinem Inneren kein Herz für Tiere hat? Warum sollten sie jemandem folgen, der keine Ahnung, aber viel Angst hat? Bei solchen Menschen können die Pferde sich nicht sicher fühlen. Darum hier einige Tipps für dich, damit du sicher und vertrauenswürdig wirkst:

Vertrauen und Respekt gewinnen

In einer Pferdeherde bestimmt das ranghohe Tier, wohin sich die rangniederen Pferde bewegen dürfen. Sie müssen zur Seite treten, zurückweichen und auch folgen, wenn der „Chef" das möchte. So ähnlich ist es auch, wenn du ein Pferd führst. Beim Führen gibst alleine du vor, wo es langgeht. Dazu zeigst du dich am besten besonnen, ruhig und gleichzeitig bestimmt.

Achte aus Respekt auf einen ausreichenden Abstand zum Pferd. Gleiches gilt auch andersherum: Trampelt ein Pferd auf deinen Füßen herum oder drängelt, dann nimmt es sich zu viel heraus. Jedes Lebewesen hat eine unsichtbare Zone um sich herum, die es schützt. Dieser Bereich ist größer oder kleiner – je nach Tierart, Charakter, Laune und Situation. So oder so muss er aber gegenseitig respektiert werden.

Grenzen sind immer wichtig! Du hast welche und dein Pferd auch. Selbst, wenn du dich in Freundschaft näherst, muss das Pferd verstehen, dass es nicht alles mit dir machen darf. Wie viel Abstand brauchst du, um dich sicher und nicht bedrängt zu fühlen? Setze das durch, aber bedenke dabei, dass es auch unsichere Pferde gibt, die genau wie du Platz brauchen und nicht jederzeit dazu bereit sind, angefasst und gestreichelt zu werden.

Kommt ein Pferd dir zu nahe, obwohl du das nicht willst, dann warst du vermutlich nicht deutlich genug. Pferde sind nicht sauer, wenn du sie aus deinem Bereich herausschickst. Dazu musst du konsequent sein. Dass bedeutet, dass du bestimmst, wie weit das Pferd gehen darf. Je klarer du einem Pferd das zeigst, desto besser wird es dich verstehen und respektieren. Das machen die Pferde auch untereinander so.

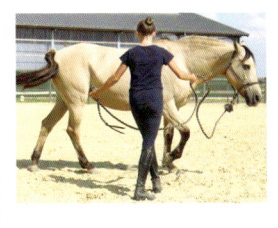

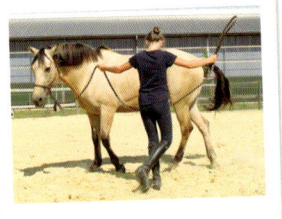

Zweifelt ein Pferd nicht daran, dass du weißt, was du tust, dann lernt es mehr und mehr, dir zu vertrauen und dich zu respektieren. Dazu ist es sehr wichtig, dass du nur Dinge von ihm verlangst, die es auch schaffen kann. Sonst wird es unsicher und weiß nicht, was es tun soll. So verliert es das Vertrauen und glaubt, nicht auszureichen, obwohl es sich bemüht. Du solltest also die Fähigkeiten des einzelnen Pferdes immer beachten und berücksichtigen.

Pferde brauchen klare Regeln. Was einmal erlaubt ist, sollte immer erlaubt sein! Was verboten ist, ist immer verboten! Das ist sehr wichtig, damit sich Pferde bei dir wohlfühlen. Ansonsten bekommen sie den Eindruck, dass du nicht verlässlich bist. Sie wissen dann nicht, wo sie bei dir dran sind und treffen einfach eigene Entscheidungen, weil du es in ihren Augen nicht kannst. Das kann bei einem 600 Kilogramm schweren Tier gefährlich werden.

Du weißt ja schon, wie wichtig Pferden Gefühle sind. Sie achten sehr genau auf deine! Sich durchzusetzen, ist bei machen Pferden schwerer als bei anderen. Einige fragen öfter nach, weil sie es genauer wissen wollen. Du brauchst also Geduld und solltest auch unbedingt höflich bleiben. Werde besser niemals wütend, denn mit der Zeit wird das Pferd immer williger mitmachen, wenn du ruhig auf das bestehst, was du forderst, ohne böse zu werden. Es lohnt sich!

Zeige deinem Pferd unbedingt, wenn es etwas richtig gut gemacht hat. Pferde bekommen gerne Lob (durch Streicheln oder auch mit Worten). Dafür muss dein Pferd nicht schon die ganze Aufgabe gelöst haben, sondern vielleicht erst einen kleinen Teil. Befindet es sich aber auf dem richtigen Weg, dann ist das doch toll. Versucht es sein Bestes, sollte es auch merken, dass dir das sehr gut gefällt und du stolz bist.

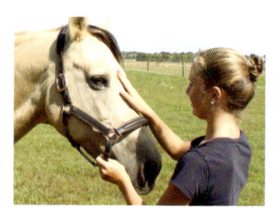

Welche Übungen am Boden gibt es?

Unter **Bodenarbeit** werden grundsätzlich Aufgaben verstanden, die du mit Pferden zu Fuß machst. Auch hier ist die Kommunikation ganz wichtig. Reiten macht erst dann Sinn, wenn du dich mit Pferden am Boden gut verstehst, die Tiere dir zuhören und auch du gelernt hast, zuzuhören. Selbst richtig gute Reiter (zumindest, wenn sie klug genug sind) arbeiten mit ihren Pferden am Boden, damit sich ihre Beziehung zueinander stärkt.

Das sind die Ziele bei der Bodenarbeit:

1) Die Verständigung zwischen dir und deinem Pferd soll sich verbessern.
2) Du brauchst immer weniger mit deinem Körper zu machen, damit dich dein Pferd versteht – fast wie von Zauberhand.
3) Dein Pferd bewegt sich in die Richtung, in die du es schickst – sowohl am Strick/Seil als auch frei (z. B. im Round-Pen).
4) Du kannst die Gangart (Schritt, Trab, Galopp) jederzeit bestimmen und dein Pferd hört darauf. Es setzt gerne um, was du forderst.
5) Das Tempo, also wie langsam oder schnell es eine Gangart ausführen soll, kannst du gut kontrollieren.
6) Nach und nach kann die Schwierigkeit erhöht werden.

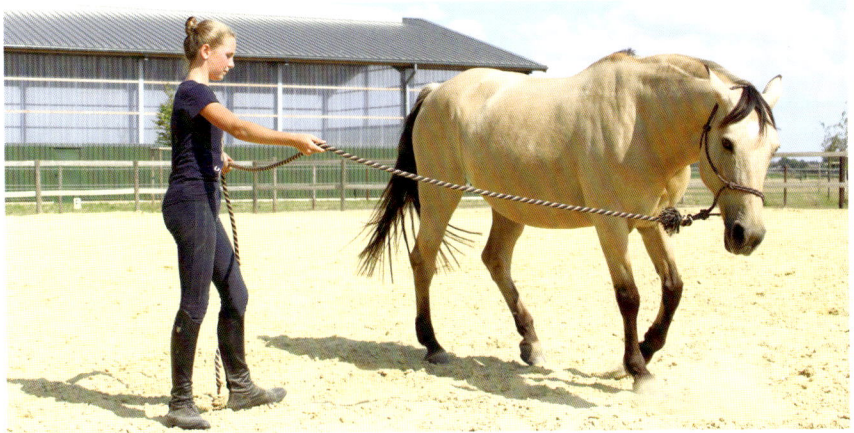

Bei der Arbeit am Boden lernst du gemeinsam mit deinem Pferd und ihr werdet ein unzertrennliches Team, das sich ganz ohne Worte versteht.

Das brauchst du für die Bodenarbeit

Dein Pferd benötigt ein gut sitzendes Halfter. Es sollte sehr stabil sein und keine brüchigen Stellen aufweisen. Es gibt viele verschiedene Halfter in Fachgeschäften zu kaufen. Viel wichtiger als die Farbe oder das Muster ist aber, dass es dem Pferd sehr gut passt. Achte auf Qualität, damit ihr lange etwas davon habt und es nicht bei der ersten schwierigen Situation reißt.

Die meisten Stricke, die du im Handel kaufen kannst, sind viel zu dünn, von schlechter Qualität und zu kurz (2 Meter). Es gibt aber auch sehr gute, feste Stricke, die eine Länge von mindestens 3 Metern aufweisen. Nimm am besten ein sog. „Rope", das für die Arbeit am Boden geeignet ist. Es sollte keinen Panikhaken haben, sonst geht der Verschluss auf, wenn Druck darauf ausgeübt wird, und das Pferd kann weglaufen.

Da deine Arme kürzer sind als die eines Erwachsenen, können dir ein Stick bzw. eine Gerte als verlägerter Arm dienen. So musst du nicht immer ganz nah an das Pferd heran, sondern kannst ihm Anweisungen aus sicherer Entfernung geben. Dabei geht es aber immer nur darum, dass du dich verständlich machen möchtest. Eine Gerte ist nicht zum Schlagen da.

Ein Knotenhalfter eignet sich sehr gut für die Arbeit am Boden, weil es dünner ist als ein normales Stallhalfter. Da ein Knotenhalfter auf die richtigen Stellen (Genick/Nase) einwirkt, versteht dein Pferd dich besser.
ACHTUNG: Knotenhalfter sind schärfer als Stallhalfter. Ein Pferd darf NIEMALS damit angebunden werden.

Es gibt zu der **Ausrüstung** einen ganz wichtigen Merksatz: Auch die besten Hilfsmittel sind nur so gut, wie die Hand, die sie verwendet! Das bedeutet: Egal, wie gut Halfter, Strick und Gerte sind, es kommt immer auf dich an. Außerdem sollte natürlich auch alles korrekt angewendet und verschnallt werden. Insbesondere beim **Knotenhalfter** machen erstaunlich viele Reiter Fehler. Darum lernst du jetzt, wie du es richtig anbringst, damit alles klappt.

So knotest du ein Knotenhalfter richtig

Lege dir zunächst den Strick, der am Halfter ist, auf deinen linken Arm. Stell dich auf Höhe der linken Schulter deines Pferdes. Bringe nun deinen rechten Arm über den Pferdehals auf die andere Seite. Führe jetzt deine linke Hand unter dem Kinn des Pferdes durch und fasse mit deiner rechten Hand das freie Ende des Halfters (langer Genickriemen).

Mit deiner linken Hand hältst du den Teil des Knotenhalfters, an dem sich die kleine Schlaufe für den Knoten befindet. Jetzt führst du die Nase des Pferdes durch das Halfter. Du kannst deinem Pferd auch die Nasenöffnung zeigen; vielleicht steckt es seine Nase von alleine durch.

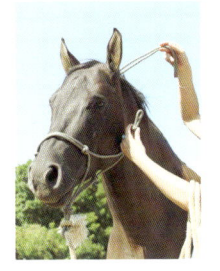

Nun ziehst du das Knotenhalfter am Pferdekopf hoch und legst den Genickriemen sanft über das Genick deines Pferdes.

Jetzt kannst du das Seilende durch die Schlaufe ziehen, indem du es hinter der Schlaufe vorbeifädelst und dann wieder nach vorne an der Schlaufe vorbei. Es entsteht eine neue Schlaufe. Durch diese ziehst du dann das Seilende von vorne nach hinten durch. Fertig!

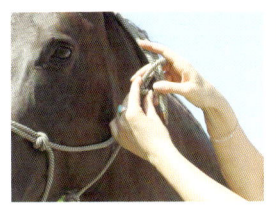

Weil der **Knoten** des Knotenhalfters von ganz vielen Reitern falsch geknotet wird, siehst du hier die einzelnen Schritte nochmal auf einen Blick:

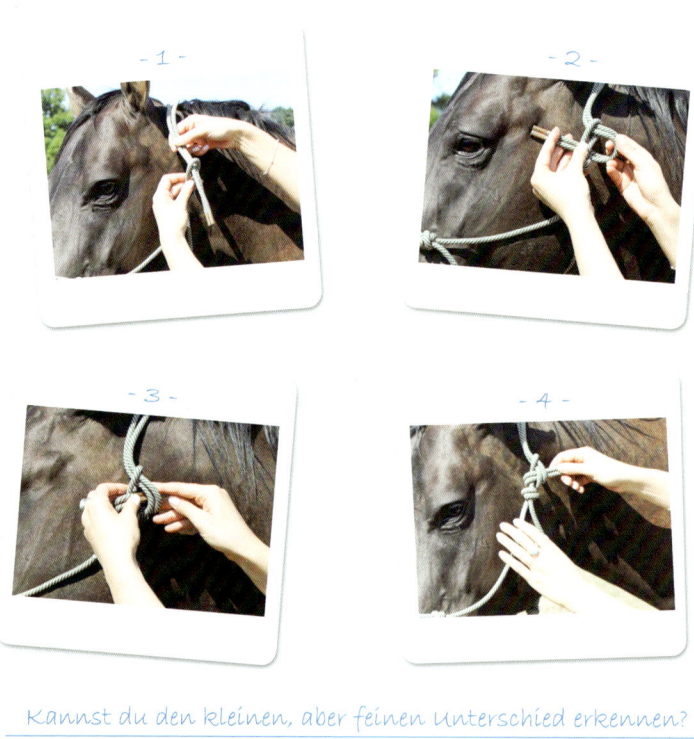

Kannst du den kleinen, aber feinen Unterschied erkennen?

Bei einem falsch geknoteten Halfter ist die richtige Einwirkung nicht mehr möglich. Das Pferd kann dann also nicht gut verstehen, was es machen soll. Zeigt zudem das Endstück noch in die falsche Richtung, dann stört es das Pferd am Auge.

Wenn die Ausrüstung stimmt, dann kannst du mit den **Übungen** beginnen:

So kannst du Nachgiebigkeit erreichen

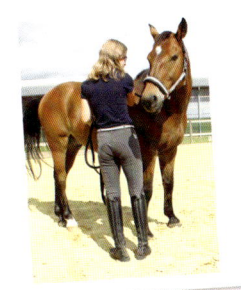

Das seitliche Biegen ist wichtig, damit dein Pferd sich später gut von dir kontrollieren und lenken lässt. Dazu sollte es sich willig im Hals zu beiden Seiten biegen, wobei sich seine Füße dabei <u>nicht</u> bewegen. Stell dich dazu seitlich auf die Höhe der Pferdeschulter (etwa dort, wo du sitzt, wenn du reitest). Nun übst du seitlich ganz leichten Druck auf den Strick aus.

Du brauchst nicht am Strick zu ziehen. Dein Pferd soll nur verstehen, dass es seinen Hals leicht in deine Richtung biegen soll. Sollte es zu Beginn um dich herumlaufen, dann ist das nicht schlimm. Halte einfach den Druck so lange aufrecht, bis es seinen Hals biegt, langsamer wird und dann stehenbleibt.

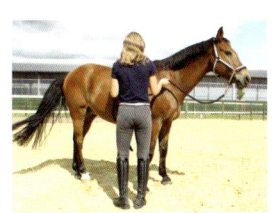

Sobald dein Pferd erste Ansätze zeigt, seinen Hals zu dir zu wenden, dann lobe es direkt. Der Druck auf den Strick muss auch sofort weg sein, damit dein Pferd lernt, dass es das Richtige getan hat.
Biegt dein Pferd den Hals, ohne dass du Druck machen musst, dann hat es die Übung super verstanden. Das ist eine Übungssache!

Viele Pferde geben zwar schnell nach, ziehen dann aber am Strick und strecken ihre Hälse. Dieses Verhalten ist nicht gut, denn das Pferd hat die Übung dann selbst beendet. Das ist aber dein Job! Halte daher den Druck auf den Strick aufrecht, bis es ganz entspannt nachgibt. Dann sofort wieder loslassen.
Übe unbedingt gleichmäßig auf beiden Seiten, damit dein Pferd sich auch unter dem Sattel gut biegen und stellen lässt.

So lässt du die Hinterhand weichen (Vorhandwendung)

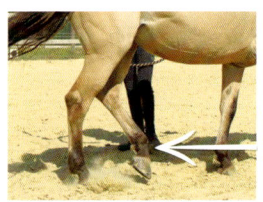

Die Hinterhand ist der „Motor" des Pferdes. Diese verschieben bzw. bewegen zu können, ermöglicht dir viel mehr Kontrolle, und zwar am Boden und auch beim Reiten. <u>MERKE:</u> Versammlung kommt aus der Hinterhand und wird nicht durch Gezerre am Kopf erreicht!

Das Ziel dieser Übung ist, dass dein Pferd mit seiner Hinterhand weicht. Dazu muss es das innere Hinterbein vor dem äußeren Hinterbein kreuzen.

Biege zunächst den Hals deines Pferdes ganz leicht in deine Richtung. Stelle dich auf Schulterhöhe deines Pferdes und zeige anfangs nur mit deiner freien Hand auf die Hinterhand bzw. die Hüfte des Pferdes. Sollte es sich nicht bewegen, dann kannst du deutlicher werden: Wedele mit dem Strickende in Richtung Hinterhand.

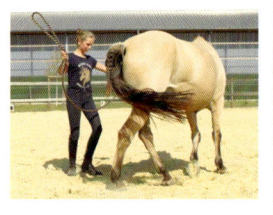

Bewegt es sich immer noch nicht, dann schwinge den Strick schneller.

<u>ACHTUNG:</u> Bitte niemals das Pferd berühren! Es geht jetzt nur darum, wer den längeren Atem hat. Du kannst auch zusätzlich mit deinen Augen gezielt auf die Hinterhand schauen und bestimmt auf diese zugehen. Das wird dein Pferd verstehen!

Nimm den Druck weg, wenn dein Pferd beginnt, seine Hinterhand zu bewegen. Belohne jedes Bemühen deines Pferdes, denn die Arbeit soll sich ja lohnen. Schritt für Schritt kann dein Pferd so verstehen, was du von ihm möchtest. Erwarte am Anfang noch kein perfektes Verhalten. Das Ziel ist es, dass dein Pferd seine Hinterhand wendet, ohne dass du viel dafür tun musst. Ein Blick auf die Hinterhand sollte irgendwann genügen. Trainiere unbedingt auf beiden Seiten!

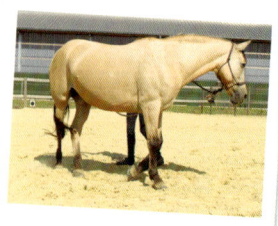

So lässt du die Vorhand weichen (Hinterhandwendung)

Auch die Schulter deines Pferdes solltest du jederzeit gut bewegen können. Bei dieser Übung soll dein Pferd mit seiner Schulter weichen, indem es sich um seine eigene Hinterhand wendet. Dabei kreuzt es mit dem äußeren Vorderbein vor dem inneren Vorderbein. Die Hinterhand steht dabei still.

Diese Übung ist sehr nützlich, damit dein Pferd lernt, Abstand zu halten und dich nicht zu bedrängen. Das gibt dir Sicherheit.

Stell dich etwas vor die Schulter deines Pferdes. Nun bringst du den Pferdekopf leicht in die Richtung, in die es gehen soll. Nur so kann auch der restliche Pferdekörper folgen. Übe nun mit deiner freien Hand etwas Druck auf die Schulter deines Pferdes aus, während deine andere Hand am Strick dafür sorgt, dass der Kopf genau da bleibt, wo du ihn haben möchtest.

Du kannst auch versuchen, ob dein Pferd besser auf einen schwingenden Strick auf Schulterhöhe reagiert.

Damit sich die Hinterhand nicht bewegt, kannst du dein Pferd einen Schritt rückwärts treten lassen, damit es sein Gewicht nach hinten verlagert. Dadurch wird die Übung leichter.

Die Hinterhandwendung ist dann korrekt, wenn dein Pferd seine Vorhand in die Richtung bewegt, die du vorgibst. Die Hinterbeine bewegen sich aber nicht. Das äußere Vorderbein tritt über das innere. Die Anzahl der Schritte kannst du nach und nach erhöhen. Vergiss das Loben nicht und übe in beide Richtungen!

So geht's in die Vorwärtsbewegung

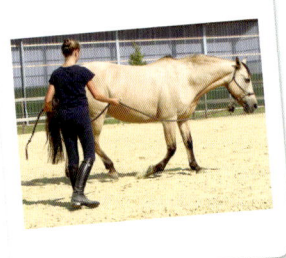

Die Bewegungen deines Pferdes musst du kontrollieren lernen. Du entscheidest über die Geschwindigkeit und die Richtung. Dein Körper ist dabei immer dein wichtigstes Hilfsmittel. Durch ihn „sagst" du deinem Pferd, was es tun und was es lassen soll. Indem du dein Pferd am Strick vorwärts schicken kannst, bereitest du es sehr gut auf das Reiten vor. Dafür muss es nicht stundenlang und völlig eingeschnürt an der Longe laufen. Besser ist es, wenn du mit ihm kommunizierst, anstatt seinen Kopf festzubinden und es zu zwingen.

Verwende hierfür einen etwas längeren Strick (ca. 4 Meter), damit du genügend Abstand halten, aber immer noch das Strickende zum Wedeln einsetzen kannst. Stell dich nun vor dein Pferd und halte den Strick in beiden Händen. Jetzt schwingst du das Strickende in Richtung Pferdeschulter. Berühren brauchst du es aber nicht. Der Druck reicht so aus.

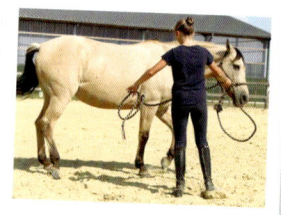

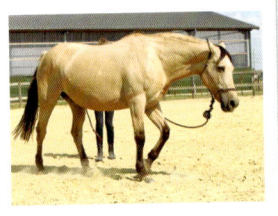

Geht dein Pferd in die von dir gewünschte Richtung, dann hältst du den Strick sofort ruhig. Wiederhole das so lange, bis dein Pferd ganz entspannt losgeht und um dich herumläuft, denn das ist das Ziel dieser Übung. Klappt eine Seite gut, dann beginnst du damit, die andere Seite zu trainieren.

Strecke zur Hilfe deinen Arm, der in die Bewegungsrichtung zeigt, deutlich aus. So lernt dein Pferd, deiner Hand zu folgen. Beginnt es, sich vorwärts zu bewegen, dann lass ihm Platz, damit es sich nicht eingeschränkt fühlt und begreift, dass es das Richtige getan hat. Geht es nicht los, dann übst du wieder Druck auf die Schulter aus, und zwar so lange, bis es willig nachgibt.

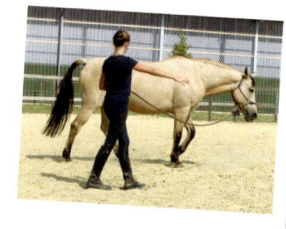

So kannst du dein Pferd anhalten

Wenn sich dein Pferd gut von dir vorwärts schicken lässt, auf dem Zirkel bleibt und du das Tempo sicher kontrollieren kannst, dann kann es nun lernen, auf ein Signal hin an- zuhalten. Das ist sehr wichtig! Zum Anhalten soll es auf dein Zeichen hin einen Schritt mit dem inneren Hinterbein machen und dieses dann über das äußere Hinterbein kreuzen. Die Vorderbeine verändern ihre Position aber nicht.

Das Ziel dieser Übung ist, dass du den Pferdekopf zu dir hereinholst, damit das Pferd automatisch seine Hinterhand nach außen wendet. Dadurch stoppt es und schaut dich direkt an. Während das Pferd dich also umkreist, hebst du deine Hand (mit Strick), die zum Kopf des Pferdes zeigt.

Zusätzlich kannst du deinen Körper einsetzen: Drehe ihn entgegengesetzt der Laufrichtung deines Pferdes leicht ein. Bewege dich zudem einen Schritt in Richtung Hüfte des Pferdes. Das hilft ihm sehr, zu verstehen, was es machen soll. Das Ende des Stricks kannst du ebenfalls verwenden, um noch deutlicher zu werden: Schwinge damit in Richtung Hinterhand, damit es diese nach außen verschiebt.

Jeden kleinen Schritt in die richtige Richtung solltest du mit deiner Stimme belohnen, damit dein Pferd besser lernt. Schaue mit deinen Augen deutlich auf die Hinterhand, um deinem Pferd zu helfen, wenn du es anhalten möchtest. Wenn das gut klappt, dann reagiert es jederzeit auf die kleinsten Signale von dir und du kannst es überall anhalten.

So kannst du die Richtung wechseln

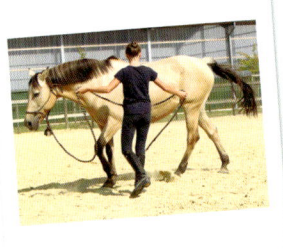

Wenn du dein Pferd gut anhalten kannst, dann kannst du ihm nun beibringen, auf dieselbe ruhige und verlässliche Art die Richtung zu wechseln. Das Ziel der Übung ist, dass dein Pferd, wenn es z. B. rechtsherum läuft, auf dein Signal hin stoppt und wendet, damit es dann linksherum laufen kann. Beide Hände (also beide Seiten) sollten immer gleichmäßig trainiert werden, damit das Pferd gesund bleibt.

Läuft dein Pferd z. B. links auf dem Zirkel um dich herum, dann hältst du es an, und zwar so, wie du es gelernt hast: Wirke auf die Hinterhand deines Pferdes ein und hole den Kopf zu dir herein. Hält dein Pferd an und verschiebt seine Hinterhand nach außen, dann führst du deine rechte Hand über deine linke Hand. So leitest du den Richtungswechsel nach rechts ein.

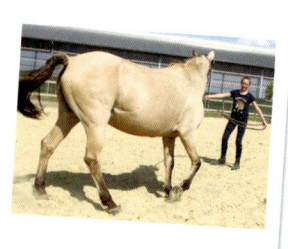

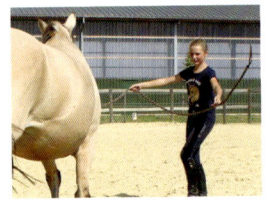

Jetzt lenkt deine rechte Hand die Nase des Pferdes in die neue Richtung, nämlich nach rechts. Deine linke Hand übt nun etwas Druck auf die Pferdeschulter aus, damit das Pferd sich nach vorne bewegt und von dir weggeschickt wird. Es soll ja jetzt rechts auf dem Zirkel um dich herumlaufen. Dazu kannst du mit dem Strick wedeln und auf die Pferdeschulter zugehen.

Macht das Pferd, was du möchtest, dann kannst du wieder ruhiger werden und dich entspannen. Gib deinem Pferd mehr Strick und Platz, damit es sich besser bewegen kann.

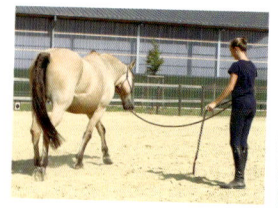

Der Richungswechsel ist eine schwierige Übung, und zwar sowohl für dich als auch für das Pferd. Sei ruhig ein bisschen nachsichtig mit dir und dem Pferd. Ihr lernt ja noch beide. Nicht vergessen: Übung macht den Meister!

So geht's seitwärts

Wenn du das Seitwärtsgehen am Boden mit deinem Pferd übst, dann lernt ihr beide besser im Gleichgewicht zu sein. Das ist sehr wichtig fürs Reiten. Außerdem lernt dein Pferd, sich richtig gut zu konzentrieren und auf dich zu achten.
Am Anfang ist es für dein Pferd leichter, wenn es vor sich eine Grenze sieht. Dazu eignen sich z. B. die Hallenbande oder ein Zaun bzw. eine Wand. So kann es nicht einfach nach vorne ausbrechen.

Stell dich neben dein Pferd. Deine äußere Hand hält nun eine Gerte (oder einen Strick) in Richtung Schulter/Pferderumpf. Wenn du dein Pferd nach rechts schicken möchtest, dann stehst du links (und andersherum). Durch deinen Körper blockierst du zusätzlich den Weg nach vorne, damit dein Pferd nur in die richtige Richtung gehen kann.

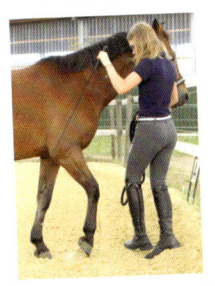

Jetzt braucht dein Pferd ein Signal zum seitlichen Übertreten. Mit dem Strickende (oder der Gerte/dem Stick) übst du nun Druck auf die Pferdeschulter aus. Du musst auf den Kopf, den Hals und den Rumpf des Pferdes achten, denn alles soll sich gleichmäßig zur Seite bewegen. Das ist ganz schön schwierig und anstrengend. Diese Übung ist für viele Pferde eine richtige Herausforderung. Bitte beachte das!

Zu Beginn reichen einige wenige Schritte aus. Vergiss besonders bei dieser Übung das Loben nicht, denn sie ist sehr mühsam.
<u>MERKE:</u> Gibt dein Pferd nach, gibst auch du nach! Baue auch immer zwischendurch einige Pausen ein. So könnt ihr euch ein bisschen erholen und über das Gelernte nachdenken. Trainiere gleichmäßig auf beiden Seiten, damit dein Pferd locker und geschmeidig bleibt!

So geht's rückwärts

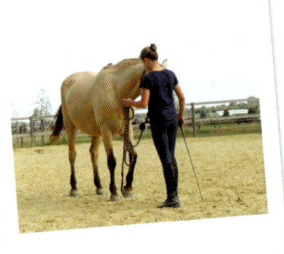

Das Rückwärtsrichten vom Boden aus ist eine der wichtigsten Übungen, die dein Pferd können sollte. Dazu muss es lernen, weich, flüssig und mit gesenktem Kopf rückwärts zu treten, wenn du es möchtest. ACHTUNG: Zu starker Druck kann dazu führen, dass dein Pferd sich widersetzt. Es könnte steigen oder weglaufen. Zu wenig Druck kann dazu führen, dass es nicht versteht, was du möchtest.

Daher ist es wichtig, dass du am besten klein anfängst und dann ausprobierst, wie viel Druck dein Pferd braucht, um entspannt rückwärts zu treten. Stell dich dazu seitlich vor dein Pferd. Ganz langsam erhöhst du den Druck auf das Halfter nach hinten. Daran ziehen brauchst du aber nicht!

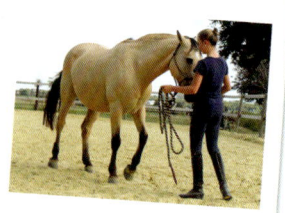

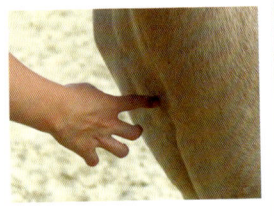

Reagiert dein Pferd noch nicht und bleibt einfach stehen, dann kannst du es mit der Gerte oder deinen Fingerspitzen ganz sanft an seiner Brust antippen. Zusätzlich kannst du entschlossen auf es zugehen, damit es versteht, dass es vor dir weichen und nach hinten gehen soll.

Die meisten Pferde gehen eher ungern rückwärts. Darum ist das Loben sehr wichtig, wenn dein Pferd zunächst sein Gewicht nach hinten verlagert und dann einen Schritt zurückgeht. Das reicht für den Anfang. Mache lieber Pausen und frage die Übung öfter ab, um dann die Anzahl der Schritte nach hinten langsam zu erhöhen.
Noch ein TIPP: Weicht dein Pferd aus und geht seitwärts, dann wirke so lange auf die Pferdeschulter ein, bis es einen geraden Schritt rückwärts anbietet.

Wie erreiche ich einen „feinen Umgang"?

Wenn du die Übungen, die du auf den letzten Seiten gelesen hast, häufig mit deinem Pferd trainierst, dann wirst du ganz schnell merken, dass eure **Bindung** zueinander gefestigt wird. Dein Pferd wird besser auf dich reagieren, mehr auf dich achten und dich vielleicht schon freudig begrüßen, wenn es dich sieht. Es weiß, dass von dir ganz viel Gutes ausgeht und dass du dich dafür interessierst, wie es ihm geht. Du möchtest mit ihm arbeiten, mit ihm zusammenwachsen und eine gute Zeit haben. All das weiß ein Pferd ganz genau. Nimm dir unbedingt die Zeit, die ihr braucht. Du weißt ja schon, dass sowohl Menschen als auch Pferde ganz unterschiedliche Persönlichkeiten und Charaktere haben. Darum kann dir niemand genau sagen, wie lange es dauert, bis du erreicht hast, was du dir vorstellst. Tatsächlich aber ist der Weg das Ziel, denn die gemeinsame Zeit, die du mit deinem Pferd verbracht hast, kann dir keiner mehr nehmen.

Nach und nach wirst du an Kleinigkeiten merken, dass dein Pferd beginnt, sich an dir zu orientieren. Das bedeutet, wenn es unsicher ist, dann schaut es zu dir. Wenn du ruhig bleibst, dann wird es sich bei dir sicher fühlen, da es dir vertraut.

Vertrauen wächst nur langsam. Aber wenn ein Pferd dir vertraut, dann geht es überall mit dir hin, weil es gerne bei dir ist.

Ganz gleich, was du mit einem Pferd machst: Es gibt einige **Regeln**, die du immer im Hinterkopf haben solltest. Diese gelten bei der Bodenarbeit, beim Reiten und auch im Alltag:

So erreichst du einen „feinen Umgang"

Ein Pferd will immer ein Pferd bleiben! Das bedeutet, dass du ihm stets zeigen musst, was du möchtest. Von alleine kann es das nicht wissen, weil es eben kein Mensch ist und auch nicht in deinen Kopf gucken kann. Ansonsten wird es machen, was seine Natur ihm sagt. Das ist aber dann mitunter nicht das, was der Mensch sich vorgestellt hat.

Jeder Umgang mit einem Pferd ist „Training"! Egal, ob du dein Pferd schnell von der Wiese reinholen möchtest oder gerade Reitunterricht bekommst: Pferde lernen immer! Verhalten, das dir gefällt und auch solches, das dir nicht gefällt, kann jederzeit auftreten und von dir bestätigt werden. Achte also am besten IMMER auf das, was dein Pferd gerade lernt.

Bemerke die „Kleinigkeiten"! Wenn es Probleme zwischen dir und deinem Pferd gibt, dann kläre sie sofort. Was du nicht beachtest, das kann größer werden. Lass also Verhalten, das du nicht möchtest, am besten erst gar nicht zu.

Viele kleine Schritte sind besser als ein großer! Fordere von dir und deinem Pferd nur, was ihr auch gut schaffen könnt. Das nächste Mal kannst du dann weitergehen. So festigst du das Vertrauen deines Pferdes in dich.

Ende gut, alles gut! Auch die besten Reiter haben manchmal Schwierigkeiten mit ihren Pferden. Wenn sie es aber schaffen, eine Übung für das Pferd angenehm enden zu lassen, dann wächst das Vertrauen. Ist etwas nur zeitweise doof und endet aber gut, dann lernt das Pferd, dass sich die Zusammenarbeit lohnt. Das sorgt dann dafür, dass das Pferd bei der nächsten Trainingseinheit viel freudiger mitmachen möchte.

Nur, wer vorbereitet ist, weiß, was er tut! Du solltest dir am besten im Voraus überlegen, was du mit deinem Pferd machen möchtest. Was soll es lernen? Wie kann das umgesetzt werden? Wo liegen die Ziele? Was kann es sehr gut und was muss noch besser werden? Vorbereitung ist bei der Arbeit mit Pferden sehr wichtig, denn das gibt auch dir Sicherheit. Du hast einen Plan und weißt, was du tust. Das schätzen Pferde sehr.

Zeit ist immer wertvoll! Für Pferde spielt die Uhr keine Rolle. Auch anstehende Turniertermine sind ihnen völlig egal. Nur, weil du Druck spürst, fühlt das Pferd diesen noch lange nicht. Eher merkt es, dass du angespannt bist. Das wird ihm nicht gefallen. Lass dir daher mit allem Zeit. Die Dinge brauchen so lange, wie sie eben brauchen. Und wenn es dir selbst mal nicht gut geht oder du müde bist, dann genieße die Zeit mit deinem Pferd, ohne etwas von ihm zu verlangen.

Feinheit ist stark, Härte schwach! Gib deinem Pferd immer die Möglichkeit, zu verstehen, was du möchtest, bevor du Signale verstärkst und härter wirst. Beginne stets mit ganz, ganz feinen Signalen. Nur, wenn du ihm immer wieder die Chance gibst, auf Feinheit zu reagieren, wird es das auch irgendwann tun. Sonst kann ein Pferd „stumpf" werden und aufhören, zuzuhören. Das wäre sehr schade!

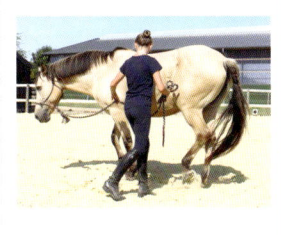

Wie sehen die korrekten Reiterhilfen aus?

D u hast nun schon richtig viel über Pferde, Bodenarbeit, Haltung, Reitausstattung, Umgang und auch das Reiten gelesen. Nun wollen wir uns in diesem Kapitel die **Reiterhilfen** ganz genau anschauen. Dazu ist es wichtig, dass du in deinem Kopf und auch in deinem Herzen diesen Leitsatz immer bewahrst: Reiten ist mehr Gefühl als Technik! Das bedeutet nicht, dass es keine speziellen Hilfen gibt, die du deinem Pferd zum Verständnis geben kannst. Vielmehr heißt es, dass es mehr auf Sanftheit und Feingefühl ankommt. Du bist kein Roboter und das Pferd, das du reitest, auch nicht. Technik kann jeder lernen. Aber die guten Reiter unterscheiden sich von den schlechten dadurch, dass sie auf das Pferd achten, denn sie wissen: Ohne das Pferd bin ich kein Reiter, sondern „nur" ein Mensch. Letztlich wollen WIR gerne reiten. Die Pferde haben nicht darum gebeten. Daher ist es wichtig, dass wir darauf achten, wie es ihnen geht, was sie fühlen und was sie brauchen, damit sie uns verstehen und Freude am Reiten empfinden.

Aufeinander zu achten, ist wichtig, damit eine richtige Zusammenarbeit entsteht.

Wie sitze ich richtig im Gleichgewicht?

Damit dein Pferd versteht, was du von ihm möchtest, musst du korrekt beim Reiten sitzen. Dabei solltest du dein Gleichgewicht finden, in allen Gangarten halten können und der Bewegung des Pferdes mit deinem Körper folgen. Für manche Reiter ist das schwer zu lernen und für andere leichter. Im Grunde ist es aber nur eine Übungssache und auch eine Sache des Loslassens.

So lernst du einen losgelassenen Sitz

Angst und Verspannung sorgen dafür, dass du nicht losgelassen genug bist. Da du dich der Pferdebewegung anpassen und dein Gleichgewicht immer wieder neu finden musst, um dein Pferd nicht zu stören, sind Verkrampfungen das Schlechteste, was passieren kann. Versuche dich zu lockern, damit du merkst, wie sich dein Pferd unter dir bewegt. Erst dadurch „weiß" dein Körper, was er machen soll. Du wirst es merken!

Losgelassenheit bedeutet nicht, in völliger Entspannung (wie ein „nasser Sack") auf dem Pferd zu sitzen. Es geht um eine Art „gute Anspannung" (im Vergleich zu einer „schlechten Anspannung" = Furcht). Immerhin müssen sich auch viele Gelenke in deinem Körper bewegen, damit du reiten und gut sitzen kannst, ohne dein Pferd zu stören.

Der gerade Sitz ist nur die Ausgangslage. In der Bewegung des Pferdes verändert sich dein Sitz ständig, denn es geht darum, in jedem Augenblick die Bewegung des Pferdes zu berücksichtigen. Dein Gleichgewicht findest du also nicht, indem du steif wie eine Statue sitzt, sondern dadurch, dass du dich gemeinsam mit dem Pferd bewegst.

Um ein Gefühl für dein Gleichgewicht zu bekommen, setzt du dich am besten zunächst gerade und aufrecht in den Sattel. Dein Gewicht ist dabei gleichmäßig auf deine beiden Gesäßknochen verteilt. Diese kannst du fühlen, wenn du deine beiden Hände unter deinen Po schiebst. Versuche nun so zu sitzen, dass du das Gefühl hast, gerade zu sein. Wiege dich dazu einige Male mit deinem Oberkörper nach hinten und wieder nach vorne, bis du spürst, dass du in deiner Mitte angekommen bist.

Auch dein Rücken sollte weder zu weit nach vorne noch zu weit nach hinten gehalten werden. Zudem solltest du ein Hohlkreuz sowie einen Buckel vermeiden und auch deinen Rücken nicht gerade durchstrecken. Die Pferdebewegungen muss deine Wirbelsäule nämlich abfedern. Das bedeutet, dass du so sitzen solltest, dass sich deine Rückenhaltung anpassen kann. Stell dir dazu vor, dass an deinem Hinterkopf ein unsichtbarer Faden befestigt ist, an dem dich jemand sanft Richtung Himmel zieht.

Sowohl deine Schultern als auch deine Hüften hältst du zunächst waagerecht und jeweils auf gleicher Höhe. Deine Schultern sollten locker herunterhängen, um Verkrampfungen zu vermeiden. Deine Ellenbogen liegen leicht an der Seite deines Körpers an. Winkle deine Arme etwas an. Die Hände kannst du ganz locker vor deinem Bauch tragen.

Deine Beine sind aus der Hüfte leicht einwärts gedreht. Sie sollten völlig entspannt sein. Deine Knie liegen am Sattel an, deine Waden können das Pferd berühren, wenn du es möchtest, und deine Fußspitzen zeigen beinahe gerade nach vorne. Der tiefste Punkt deines Körpers sind deine Fersen. Du drückst sie nach unten, damit du alle Bewegungen mit deinen Fußgelenken abfedern kannst.

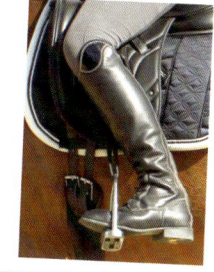

Infobox

Wenn du den richtigen Sitz gefunden hast, dann kann man ge-
danklich von der Seite betrachtet
eine gerade Linie ziehen, die durch
deine Schulter, deine Hüfte und
deinen Absatz geht. Du bist nun im
Gleichgewicht.

Nur mal vorgestellt: Sollte plötzlich
das Pferd unter dir verschwinden,
dann würdest du in dieser Sitzposition so auf deine Füße
fallen, dass du stehen könntest.

Um deinen Sitz zu finden, ist es wichtig, dass du deine **Mitte** findest und
lernst, dich aufzurichten. So leicht das
bei erfahrenen Reitern aussieht, ist es
tatsächlich nicht.

Bitte bedenke: Alle müssen das üben
und der Körper ist bei jedem anders.
Manche Menschen haben lange Beine,
andere kurze. Auch die Oberkörper
unterscheiden sich. Einige Menschen
sind gelenkig und sportlich, andere
müssen dafür trainieren. Darum solltest du nicht zu streng zu dir sein.

**Der ausbalancierte Sitz ist eine Übungssa-
che und hat sehr viel mit dem Erlernen
von Feinfühligkeit zu tun. Lass dir also
Zeit und bleib beharrlich dran!**

Zu Beginn wirst du wahrscheinlich ohne Zügel reiten, da du noch sehr damit beschäftigt bist, dein Gleichgewicht auf dem Pferdrücken zu suchen. Wenn du dieses noch nicht gefunden hast, dann überfordern dich die Zügel, da du das Pferd vermutlich stören würdest. Nur, wer unabhängig sitzen kann, der sollte mit Zügeln reiten, weil er sich sonst an diesen festhält. Irgendwann wird es aber Zeit, die Zügel in die Hände zu nehmen, damit du nicht mehr an der Longe bleiben brauchst, sondern lernst, dein Pferd durch Gewicht und Zügeleinwirkung zu dirigieren.

So kannst du die Zügel halten

Umschließe die Zügel leicht mit deinen beiden Fäusten. Der Zügel verläuft von der Trense zwischen deinem kleinen Finger und deinem Ringfinger in deine Hand. Zwischen Daumen und Zeigefinger kommt er dann wieder heraus. Deine Daumen legst du wie ein Dach auf deine Faust. Dadurch kannst du die Zügel mit wenig Kraftaufwand gut festhalten und deine Handgelenke bleiben locker und entspannt.

Das Zügelende kannst du auf der rechten Seite zwischen Zügel und Pferdehals herunterhängen lassen. Deine Hände liegen ungefähr eine Handbreit auseinander. Halte sie aufgestellt vor deinem Körper. Von oben gesehen lässt sich übers Handgelenk eine gerade Linie vom Unterarm bis zu den Fingerknöcheln ziehen. Das ist die Grundstellung der Hände.

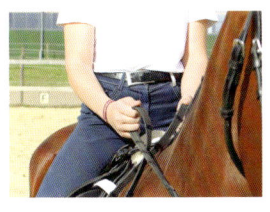

Um Zügelhilfen zu geben, damit dein Pferd dich versteht, brauchst du nur deine Finger zu bewegen oder deine Hände aus dem Handgelenk leicht aufwärts zu drehen. Hat dein Pferd dich verstanden, gehst du immer wieder zurück in die Ausgangsposition.
<u>MERKE:</u> Die wichtigsten Handgriffe solltest du gründlich üben!

Infobox

Während es beim Englischreiten mehr oder weniger strenge Regeln gibt, wie die Zügel zu halten sind, haben die Westernreiter viel mehr Freiheiten. Je nach Disziplin gibt es verschiedene Handhaltungen. Außerdem reiten viele Westernreiter mit „Slack". Das bedeutet, dass die Zügel durchhängen dürfen und das Pferd vielmehr durch das Gewicht und die Schenkeleinwirkung des Reiters geritten wird.

Ganz gleich, für welche Reitweise du dich entschieden hast, das gilt immer: Am besten lernst du das Reiten und einen ausbalancierten, unabhängigen Sitz dadurch, dass du so viel übst wie möglich. **Sitzfehler** hat man sich übrigens sehr schnell angewöhnt. Und sie sind schwer wieder abzutrainieren.

Darum ist es wichtig, dass du Sitzübungen an der Longe machst. So kannst du dich ganz auf dich konzentrieren, bis du sicherer geworden bist.

Sitzübungen an der Longe

Hände einstützen

Oberkörper drehen

Arme ausstrecken

geradeaus schauen

ohne Bügel

Beine baumeln

Augen schließen

Bewegung spüren

nach vorne beugen

Hals streicheln

Ball tragen

Balance halten

aufstehen

hinsetzen

leichter Sitz

alle Gangarten

Wodurch versteht mich mein Pferd?

Um dich mit deinem Pferd zu verständigen, sprich ihm mitzuteilen, was du von ihm möchtest, musst du deinen Körper einsetzen. Die Signale, die du deinem Pferd gibst, werden **Reiterhilfen** genannt.

So kannst du deinem Pferd Hilfen geben:

1) mit deinem Gewicht,
2) mit deinen Schenkeln,
3) mit den Zügeln,
4) mit deiner Stimme und
5) mit Hilfsmitteln wie Gerte oder Sporen (das ist aber nur selten nötig und auch nur für „Profis").

Eine einzige Hilfe reicht allerdings meist nicht aus, damit dein Pferd dich versteht. Reiterhilfen sind ein bisschen wie das Lernen von Buchstaben: Einer ist nicht genug, um ein Wort damit zu bilden. Man braucht mehrere dazu. Und irgendwann kann man ganze Sätze schreiben.

Ähnlich ist es mit den Reiterhilfen: Je mehr du und dein Pferd kennen, desto besser kannst du dich ausdrücken. Auf das Zusammenspiel kommt es an!

Die **Grundgangarten**, die jedes Pferd auf dieser Welt kann, sind: Schritt, Trab und Galopp. Jede Gangart hat ihren eigenen Takt. Wenn du ein Pferd nur hören, aber nicht sehen kannst, dann weißt du trotzdem, in welcher Gangart es läuft. Du musst nur genau hinhören.

Das sind die Grundgangarten

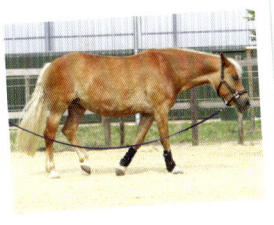

Der Schritt ist ein Viertakt und die langsamste Gangart. Das ist die Abfolge:
1) rechtes Hinterbein
2) rechtes Vorderbein
3) linkes Hinterbein
4) linkes Vorderbein

INFO:
Die beiden rechten bzw. linken Beine bilden im Schritt ein „V".

Der Pferdehals pendelt und nickt im Schritt ein bisschen hin und her, da sich der sog. „Lange Rückenmuskel" abwechselnd anspannt und wieder entspannt. Das darf nicht vom Reiter verhindert werden, ansonsten kann das Pferd keinen schönen Schritt mehr gehen.

Der Trab ist ein Zweitakt mit einer Schwebephase dazwischen, in der alle vier Hufe in der Luft sind. Im Trab setzt das Pferd immer die diagonalen Beinpaare gleichzeitig:
1) vorne rechts + hinten links
2) vorne links + hinten rechts
Die Schwebephase macht den Trab manchmal ein bisschen unbequem, aber das ist alles wie immer nur eine Übungssache.

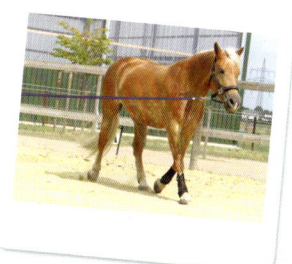

Der Galopp ist ein Dreitakt und wird gesprungen. Es gibt den Rechts- und den Linksgalopp. Auch der Galopp hat eine Schwebephase. Üblich ist der sog. „Handgalopp" = Rechtsgalopp auf der rechten Hand und umgekehrt. Sowohl im Links- als auch im Rechtsgalopp greifen die inneren Vorder- und Hinterbeine jeweils vor die entsprechenden äußeren. Ein Pferd muss einen gesunden Rücken haben, um sauber im Dreitakt springen zu können.

So kannst du in den Gangarten reiten

Der Schritt ist die wichtigste Gangart. Viele Reiter achten gar nicht gut zu Beginn und am Ende einer Reitstunde auf den Schritt, weil sie mehr Wert auf die Lektionen legen. Tatsächlich aber ist der Schritt die Grundlage, zu der wir immer wieder zurückkehren und die unsere volle Aufmerksamkeit verlangt. Das Pferd soll sich im Schritt fleißig und mit genügend Raumgriff bewegen. Am besten geht es in einer mittleren Schrittlänge (Mittelschritt).

Den Trab kannst du aussitzen oder bei jedem zweiten Schritt aufstehen, um den Pferde-rücken zu entlasten.

Beim Leichttraben auf der linken Hand stehst du auf, wenn die rechte äußere Pferdeschulter vorgeht. Du setzt dich wieder, wenn die linke innere Schulter vorgeht (und andersherum auf der rechten Hand).

Das Aussitzen im Trab ist am Anfang gar nicht so leicht. Das Reiten ohne Bügel kann zum Üben eine große Hilfe sein. Wichtig ist, dass das Pferd seinen Rücken schwingt und losgelassen ist.

Der Galopp ist die schnellste Gangart, kann aber natürlich (so wie alle anderen Gangarten auch) langsamer oder rasanter geritten werden. Wichtig ist, dass der Reiter das Tempo gut kontrollieren kann. Am besten sitzt du aufrecht und so ruhig wie möglich im Sattel. Mitschaukeln brauchst du den Dreitakt nicht. Versuche im Galopp deinen Oberkörper ganz leicht mit in die Bewegung nach vorne zu nehmen.

So sehen die Schenkelhilfen aus

Mit deinen Waden, die flach am Pferd anliegen, kannst du die Hinterhand bzw. den Rumpf beeinflussen. Dazu brauchst du nur deinen Absatz etwas nach unten drücken und schon spannt sich automatisch deine Wade an. Nun kannst du etwas Druck gegen den Pferdekörper ausüben. Ein gut ausgebildetes Pferd wird jetzt mit dem Hinterbein auf derselben Seite mehr nach vorne treten.

Der treibende/biegende Schenkel liegt am Gurt, und zwar so, dass dein Stiefel seitlich gesehen direkt hinter dem Gurt ist. Du drückst deinen Schenkel dann ans Pferd, wenn du es vorwärtstreiben oder zur Seite biegen möchtest.
TIPP: Achte immer darauf, wie viel Druck dein Pferd braucht, um dich zu verstehen. Weniger ist oft mehr!

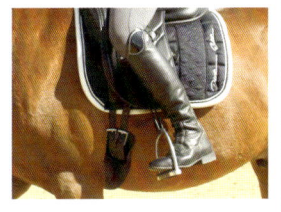

Der verwahrende Schenkel verhindert, dass das Pferd mit der Hinterhand nach außen drückt. Trotzdem kann er auch gleichzeitig treiben.
ACHTUNG: Ziehe dein Bein nicht hoch, sondern nehme es nur zurück. Eigentlich übt der verwahrende Schenkel keinen speziellen Druck aus. Wenn das Pferd aber dennoch mit der Hinterhand nach außen kommt, kannst du ihn etwas deutlicher anlegen.

Irgendwann wirst du auch den seitwärts-treibenden Schenkel brauchen. Er liegt etwa zwischen dem vorwärtstreibenden Schenkel und dem verwahrenden. Er gibt dem Pferd das Signal, dass es seitwärtstreten soll. Allerdings sollte dein Schenkel nicht zu weit hinten sein, denn beim Seitwärts geht die Vorhand der Hinterhand immer ein bisschen voraus = vorwärts-seitwärts.

So sehen die Zügelhilfen aus

Mit den Zügeln hältst du nur eine weiche, leichte und gleichmäßige Verbindung zum Pferdemaul (bzw. zum Pferdekopf – solltest du gebisslos reiten). Zügelhilfen sind grundsätzlich fein und machen den kleinsten Anteil der Hilfengebung aus. Du erinnerst dich: In erster Linie reitest du über Gewichtshilfen, denn die Bewegungen eines Pferdes kommen aus den Beinen sowie dem Rücken und nicht aus der Kopf- und Halspartie.

ACHTUNG: Bitte versuche niemals, das Pferd über den Zügel in eine Richtung zu ziehen. Dadurch bringst du es aus dem Gleichgewicht. Mit den Zügeln gibst du deinem Pferd die Stellung vor. Du zeigst ihm zunächst also nur, wie weit es nach rechts oder nach links schauen soll.

MERKE: Zügelhilfen dürfen nicht rückwärts einwirken, ansonsten wird das Pferd sich zurecht wehren. Ziehe also am besten niemals rückwärts am Zügel (z. B. aus Angst oder zum Bremsen). Passiert es dir doch, dann hält das Pferd gegen den Druck. Das schmerzt sehr stark im Maul und es könnte das Vertrauen in dich als Reiter verlieren.

Jede Zügelhilfe sollte immer ein leicht aufwärts wirkender Impuls sein. Dazu kannst du deine Hände und Unterarme etwas nach außen drehen. Durch diese Auswärtsdrehung liegen deine Ellenbogen am Körper an, deine Schultern kommen mehr nach hinten und der Oberkörper richtet sich auf. Deine Zügelhilfen wirken nun etwas mehr auf die Maulwinkel. Dadurch wird dein Pferd im besten Fall abkauen und seinen Hals fallenlassen.

Bei der annehmenden Zügelhilfe fasst du einen oder beide Zügel kürzer. Dazu drehst du deine Faust ganz leicht in Richtung deiner gegenüberliegenden Schulter. Reagiert dein Pferd nicht, dann werde nicht härter, sondern gebe nach und nimm die Zügel dann erneut an.
VERGISS NIE: Pferde haben alle mehr Kraft als du!

Annehmende und nachgebende Zügelhilfen gehören zusammen. Zum Nachgeben gehst du mit deiner Hand in Richtung Pferdemaul vor. Du kannst die Zügel zusätzlich auch langsam durch deine Finger gleiten lassen.

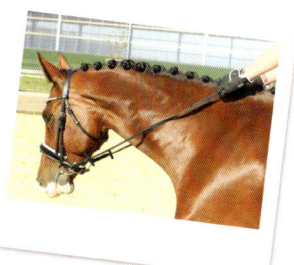

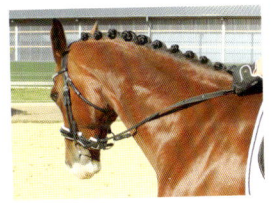

Mit der verwahrenden Zügelhilfe wird die Vorhand des Pferdes seitlich begrenzt. Sie kommt bei allen Lektionen vor, bei denen das Pferd gestellt oder gebogen ist. „Gestellt" ist ein Pferd dann, wenn es leicht in die Bewegungsrichtung schaut.

Um eine aushaltende/durchhaltende Zügelhilfe zu geben, schließt du für einen Moment die Faust. Nun hältst du dem Druck des Pferdes auf das Gebiss stand, bis es im Genick nachgibt. ACHTUNG: Das Pferd wird eher nachgeben, wenn du nachgibst. Druck erzeugt nämlich Gegendruck!

Mit einer seitwärtsweisenden Zügelhilfe kannst du dein Pferd nach innen in eine Wendung führen. Dazu bringst du deine Hand ein bisschen vom Hals weg, um deinem Pferd zu zeigen, wohin es gehen soll. Auch bei der seitwärtsweisenden Zügelhilfe solltest du unbedingt immer wieder nachgeben.

So sehen die Gewichtshilfen aus

Gewichtshilfen sind die wichtigsten Hilfen, da ein Pferd immer versuchen wird, seinen eigenen Schwerpunkt unter den Schwerpunkt des Reiters zu bringen. Verlagerst du dein Gewicht, bringst du dein Pferd also immer ganz kurz aus dem Gleichgewicht. Bei Gewichtshilfen geht es nicht darum, das Pferd von oben herunterzu-drücken. Es geht darum, die gemeinsame Balance zu finden. Dann reichen gezielte und kleine Verschiebungen deines Schwerpunktes aus, um dein Pferd zu lenken.

Einseitige Gewichtshilfen brauchst du bei Lektionen mit Stellung oder Biegung. Du verlagerst dein Gewicht auf die innere Seite. MERKE: Knicke nicht in der Hüfte ein, sonst verlagerst du dein Gewicht auf die falsche Seite und verunsicherst dein Pferd. TIPP: Nimmst du dein äußeres Bein leicht zurück, verlagerst du dein Gewicht auto-matisch nach innen.

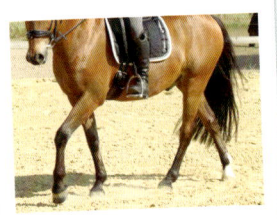

Durch die beidseitige Gewichtshilfe soll das Pferd mit seinen Hinterbeinen weiter unter den Körper treten. Spanne einfach deinen Bauch ein wenig an. Dadurch werden auch automatisch deine Rückenmuskeln fester. Dein Pferd merkt das sofort, denn du „störst" den Bewegungsablauf ein bisschen. Nun wird dein Pferd versuchen, seine Bewegungen mit deinen wieder in Einklang zu bringen.

Die entlastende Gewichtshilfe kommt dann zum Einsatz, wenn du dein Pferd entlasten möchtest (z. B. während der Lösungsphase). Auch beim Rückwärtsrichten ist die ent-lastende Gewichtshilfe sehr sinnvoll. Dazu neigst du deinen Oberkörper leicht nach vorne. Dein Po bleibt aber im Sattel. Dein Gewicht liegt jetzt mehr auf den Oberschenkeln sowie den Steigbügeln und wirkt entlastend.

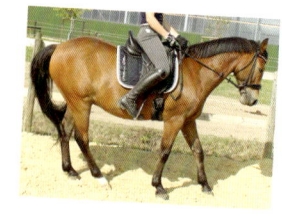

So sehen halbe und ganze Paraden aus

Bei einer Parade wirkst du für einen Moment mit allen Hilfen fast gleichzeitig auf das Pferd ein. Es gibt zwei Arten von Paraden: halbe und ganze. Bei einer ganzen Parade zieht man aber z. B. nicht doppelt so fest am Zügel wie bei einer halben. Halbe und ganze Paraden unterscheiden sich nicht durch den Druck, der ausgeübt wird, oder durch die Hilfen, sondern nur durch das Ziel.

Die halben Paraden helfen bei gelangweilten oder abgelenkten Pferden, die sich wieder konzentrieren und durchlässiger werden sollen. Bei einer halben Parade sind alle Reiterhilfen gleichzeitig beteiligt, und zwar Gewichts-, Schenkel- und Zügelhilfen. ACHTUNG: Am Ende der halben Parade steht immer das Nachgeben.

Halbe Paraden kommen in diesen Situationen zum Einsatz:

- Wechsel der Geschwindigkeit, der Gangart oder der Richtung,
- Vorbereitung auf eine bestimmte Übung/ Lektion,
- Verbesserung der Haltung und/oder der Aufmerksamkeit des Pferdes.

Eine ganze Parade setzt sich aus so vielen halben Paraden zusammen wie es nötig ist, bis das Pferd steht, denn genau das ist das Ziel einer ganzen Parade: das Durchparieren, also das Anhalten aus dem Schritt, Trab oder Galopp. Dazu soll das Pferd mit seinen Hinterbeinen mehr untertreten, seinen Rücken aufwölben und sich besser an das Gebiss herandehnen. Eine ganze Parade zeigt dir, wie durchlässig dein Pferd ist, also auf feinste Hilfen reagiert.

Infobox

Paraden sind nicht so leicht zu reiten, wie es bei einigen Reitern aussieht. Vielmehr müssen Pferd und Reiter ein gutes Team sein und auch Erfahrung haben. Daher solltest du dich nicht zu sehr unter Druck setzen, wenn es nicht gleich klappt. Habe mit dir und deinem Pferd ein bisschen Geduld!

So reitest du eine Parade richtig:

- Nimm eine aufrechte Körperhaltung im Sattel ein.
- Stell dir vor, dein Körper wächst nach oben in den Himmel und auch nach unten zur Erde hin. (Dadurch übst du mehr Druck auf den Pferderücken aus und gibst eine beidseitige Gewichtshilfe.)
- Umfasse mit beiden Beinen den Pferdebauch. (Dadurch ermutigst du das Pferd, mit beiden Hinterbeinen unter seinen Schwerpunkt zu treten.)
- Halte mit den Zügeln gerade so viel entgegen, wie es nötig ist.

Pferde sollten grundsätzlich „**fein am Zügel**" und „**durchs Genick**" laufen. Diese Aussagen hast du sicherlich schon öfter gehört. Gemeint ist damit, dass der Vorwärtsschub des Pferdes, der aus der Hinterhand kommt, ganz fein vom Reiter mit dem Zügel aufgefangen wird. Dadurch richtet sich das Pferd ein wenig auf und senkt leicht die Nase, und zwar bis kurz vor der Senkrechten. Reitanfänger können darauf natürlich noch nicht achten, aber umso sicherer du wirst, desto mehr darfst du dafür Sorge tragen, dass dein Pferd gesund unter dir läuft.

ACHTUNG: Die Kopfhaltung alleine sagt aber gar nichts darüber aus, ob ein Pferd gut geritten wird. Den Kopf mit starkem Zügelzug runterzuziehen, gilt nicht, denn das ist schmerzhaft und unfair!

So sehen die Übergänge aus

Ein Übergang ist das Wechseln von einer Gangart zur anderen oder das Verändern des Tempos innerhalb einer Gangart. Dabei ist es wichtig, das Pferd mit einer halben Parade vorzubereiten. Jeder Übergang sollte flüssig und von hinten nach vorne geritten werden. Das bedeutet, dass das Pferd mit seiner Hinterhand weiter untertreten soll und nicht nach vorne fallen wie bei einer Vollbremsung. Auch das Treiben ist wichtig, sonst kann dein Pferd ins Stocken geraten und auf der Vorhand stoppen.

Anreiten kannst du aus dem Stand am besten dadurch, dass du aufrecht im Sattel sitzt und die Zügel aufnimmst (aber nicht zu kurz). Beide Unterschenkel legst du nun mit etwas Druck an den Pferdebauch. Geht dein Pferd los, gib ein wenig mit deinen Händen nach, ohne den Kontakt aufzugeben.

Die Hilfen zum Antraben sind dieselben; du wirst nur etwas deutlicher. Probiere aus, wie viel dein Pferd braucht, um dich zu verstehen.

Zum Halten gibst du zunächst eine halbe und dann eine ganze Parade. Steht dein Pferd, gibst du mit den Zügeln nach. Es sollte aber immer noch an den Hilfen bleiben. Am besten steht dein Pferd „geschlossen". Das bedeutet, dass es beide Vorder- und Hinterbeine auf gleicher Höhe hat und alle vier Beine gleichmäßig belastet. Seitlich betrachtet sieht es so aus, als hätte dein Pferd nur zwei Beine.

Das Angaloppieren klappt am besten auf dem Zirkel und aus dem Trab heraus.

- Hole dir die Aufmerksaketit deines Pferdes durch eine halbe Parade.
- Lege deinen inneren Schenkel leicht vorwärtstreibend an den Gurt, während der äußere eine Handbreit dahinter verwahrt.
- Belaste den inneren Gesäßknochen und stelle dein Pferd mit dem Genick leicht nach innen.

So stellst du dein Pferd nach innen

Kein Pferd der Welt läuft ganz exakt geradeaus. In der Natur, also ohne Reiter, gehen Pferde am liebsten kreuz und quer. Daher müssen wir unseren Reitpferden erst beibringen, geradeaus zu laufen. Das machen sie nicht von alleine. Es fällt ihnen am Anfang auch richtig schwer. Nach und nach lernen sie es aber.

Jedes Pferd hat eine natürliche Schiefe. Das ist ganz normal und betrifft übrigens auch alle Menschen. Jedem Pferd fällt das Eindrehen/ Wenden auf einer Seite leichter als auf der anderen. Sie haben also alle eine „Lieblings- seite". Das ist bei dir auch so: Du bist entweder Rechts- oder Linkshänder. In der Pferde- ausbildung ist es wichtig, diesen Unterschied beim Pferd zu beachten und auszugleichen.

Pferde können ihren Hals- und Kopf- bereich weit zu jeder Seite bewegen. Im Genick können sie ihren Kopf leicht seit- lich wenden. Der Reiter kann bei einem nach innen gestellten Pferd dessen inneres Auge und innere Nüstern leicht erkennen. Der Pferdehals bleibt dabei aber gerade.

So erreichst du eine Innenstellung:
- Nimm den inneren Zügel ganz leicht an.
- Der äußere Zügel begrenzt das Pferd weich und gibt ihm dadurch Anlehnung.
- Nun gibst du mit dem inneren Zügel wieder nach.

> MERKE:
> Während der innere Zügel die
> Stellung gibt, hält der äußere sie.

So reitest du auf gebogenen Linien

Wenn du nicht geradeaus, sondern eine gebogene Linie reiten möchtest, dann muss sich dein Pferd mit seinem gesamten Körper dieser anpassen. Dazu bleibst du aufrecht sitzen und lehnst dich nicht zur Seite. Vielmehr gibst du deinem Pferd die Richtung mit deinen Augen vor, indem dein Blick dem Pferd immer schon mindestens einen Meter voraus ist. Dein Oberkörper folgt beinahe automatisch der Drehung des Kopfes in Bewegungsrichtung.

Dein inneres Bein legst du an den Pferdebauch an. Das Pferd soll sich darum biegen, was es auch gerne tun wird, wenn dein Bein weich und geschmeidig bleibt. Treibe in genau dem Moment, in dem das innere Hinterbein vorschwingt, dann kann es das Pferd weiter unter seinen Schwerpunkt setzen und sich stärker biegen.

Dein äußeres Bein liegt etwas hinter dem Sattelgurt am Pferd und begrenzt. Es verhindert dadurch, dass dein Pferd mit der Hinterhand nach außen ausweicht.

Nimm nun den äußeren (verwahrenden) Zügel an. Zusammen mit dem verwahrenden Schenkel begrenzt er die Wendung.

ACHTUNG: Gibst du den äußeren Zügel nicht genügend nach, wird das Pferd eng im Hals. Es kann sich nicht biegen. Ist er zu lose, kann das Pferd über die Schulter nach außen ausweichen. Der innere (stellende) Zügel darf ganz leicht durchhängen. Er ist nur für die Innenstellung zuständig und nicht für das Lenken.

MERKE:
Stellung findet im Genick des Pferdes statt und Biegung im ganzen Pferdekörper! Reite eine Wendung nie nur mit den Zügeln, denn das klappt nicht! Schenkel- und Gewichtshilfen sind viel wichtiger, damit dein Pferd dich versteht! Vergiss nicht das Nachgeben, denn das braucht dein Pferd!

So kannst du rückwärtsrichten

Pferde können unter dem Reiter nicht nur vorwärtsgehen, sondern natürlich auch rück- wärts. Das machen sie zwar meist nicht so gerne, aber lernen sollten sie es trotzdem. Am Boden hast du das mit deinem Pferd ja bereits zur Vorbereitung trainiert.

> TIPP:
> Versuche beim Rückwärtsrichten auch nach hinten zu denken. Stell dir dazu vor, wie es hinter dir aussieht! Das hilft deinem Pferd sehr.

Am besten verlangst du das Rückwärtsrichten am Anfang aus dem Halt heraus. Lege dazu beide Schenkel eine Handbreit hinter den Gurt. Nun treibst du dein Pferd mit Schenkel- und Gewichtshilfen so, als würdest du nach vorne reiten wollen. Damit es aber nicht vor- wärtsgeht, lässt du die Zügel stehen oder nimmst sie für einen Moment leicht an, damit dein Pferd nach hinten weicht.

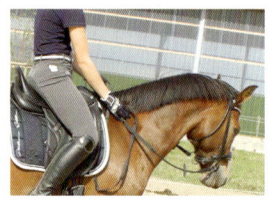

Sobald dein Pferd rückwärtsgeht, gibst du mit den Zügeln nach. Vielleicht musst du die Zügel erneut annehmen, damit es klappt, aber: Es muss immer eine nachgebende Zügelhilfe folgen. Zusätzlich kannst du mit deinem Oberkörper ein wenig nach vorne gehen, um den Pferderücken zu entlasten.

ACHTUNG: Das Rückwärtstreten ist bei Pferden ein Zeichen der Unterordnung. Aus diesem Grund gehen insbesondere hoch im Rang stehende Pferde ungern rückwärts. Auch empfinden es einige Pferde als Strafe, wenn sie nach hinten geschickt werden. Obwohl diese Übung sehr gut für die Fitness und die Gymnastik ist, solltest du sie nicht zu häufig von deinem Pferd fordern.

Was kann ich noch üben?

Du hast nun schon ziemlich viel über die Reiterhilfen und einige Übungen gelesen. Wenn du diese alle fleißig trainierst, dranbleibst und immer besser werden möchtest, dann hast du schon richtig viel geleistet. Solltest du schon sehr erfahren sein, dann schadet es dennoch nicht, immer wieder zu diesen Grundlagen zurückzukehren. Wenn mal etwas nicht klappt, das du dir mit deinem Pferd vorgenommen hast, dann hilft es, sich auf das Wesentliche zu konzentrieren. Das bedeutet, sich an die „einfachen" Reiterhilfen zu erinnern, um zu erkennen, warum das „Schwere" noch nicht funktionieren will. Die Lösung liegt dann meist in dem, was du bereits gelesen hast, denn das ist das Fundament. Kehre immer wieder dahin zurück, um dich zu vergewissern, dass du die Grundlagen beherrschst. Ganz gleich, was du mit deinem Pferd machen möchtest (Springen, Westernreiten, Geländeritte oder Dressur), an diesen Basics kommt keiner vorbei. Aber darauf solltest du bei allem Ehrgeiz stets achten:

Miss Ellies Tipp

Wenn ich mir etwas vorgenommen habe, dann will ich das immer direkt schaffen. Ich gebe mir wenig Zeit für die Umsetzung meiner Ideen. Es muss immer alles SOFORT klappen. Ich werde richtig ärgerlich, wenn ich meinen Willen nicht kriege. Langsam lerne ich aber, dass das Ergebnis viel besser ist, wenn ich mir mehr Zeit gebe. Es scheint klüger zu sein, Schritt für Schritt vorzugehen.

Wenn die Grundlage sitzen, dann kannst du ganz viel Spannendes mit deinem Pferd machen. Probiert euch aus und habt viel Freude dabei!

So wächst die Freundschaft zueinander

Verlegt eure Reitstunde von der Halle auf den Außenreitplatz. Hier gibt es viel zu entdecken. Überprüfe, wie mutig dein Pferd ist. Ist es schreckhaft? Dann ist das eine große Chance für dich, ihm Sicherheit zu geben. Dadurch lernt es, dir mehr zu vertrauen.

Das Reiten über Planen ist immer spannend und ein großer Vertrauensbeweis. Wenn du deinem Pferd Zeit gibst und es in seinem Tempo lernen darf, dann schweißt euch das zusammen.

Um Hütchen herumzureiten, macht riesigen Spaß. Du kannst dir ganz verschiedene eigene Varianten ausdenken und dabei auch die Gangart wechseln. Überprüfe, wie gut dein Pferd dir bereits zuhört. Macht es konzentriert mit? Reagiert es fein auf deine Hilfen?

Lass dein Pferd einen großen Ball vor sich hertreiben. Dadurch verliert es Ängste und fühlt sich immer sicherer mit dir. Zudem bekommt es den „Kopf frei" und wird lockerer. ACHTUNG: Der Ball sollte anfangs nicht direkt auf das Pferd zurollen!

Das Reiten über Stangen schult die Aufmerksamkeit und die Koordination deines Pferdes. Probiere ruhig ganz verschiedene Kombinationen aus und wage auch mal einen kleinen Sprung, um zu sehen, ob es euch liegt und Freude macht.

So kannst du im Gelände reiten

Pferde lieben die Natur. Das Reiten im Gelände macht natürlich allen viel mehr Spaß, als Runde um Runde in der Halle zu laufen. Pferde, die regelmäßig draußen geritten werden, sind zufriedener und ausgeglichener. Dennoch müssen Reiter und Pferde Geländeritte erst gut üben, denn aus Sicht der Pferde lauern in der Natur „Gefahren". Sie müssen also an vieles erst gewöhnt werden. Hole dir dafür unbedingt Hilfe von erfahrenen Reitern!

Das sind die Geländeregeln:

- Informiere andere im Stall, dass du ausreitest!
- Nimm ein Handy mit, damit du im Notfall telefonieren kannst!
- Reite nicht alleine aus!
- Suche dir eine Strecke mit möglichst wenig Autoverkehr!
- Im Gelände ist Schutzkleidung (Helm und ggf. Weste) wichtig!
- Achtung bei freilaufenden Hunden: Nicht alle sind lieb und wohlerzogen!
- Bis du sicherer bist, nimm am besten deinen Reitlehrer mit, der dir alles Wichtige zeigen kann!
- Sicherheit für alle Beteiligten geht immer vor! Wettrennen oder Mutproben sind tabu!

Das könnt ihr alles trainieren und erleben:

- Dressuraufgaben in der Natur,
- über kleinere Hindernisse springen,
- bergauf und wieder bergab,
- Kletterabenteuer erleben,
- Tempokontrolle üben,
- Kurven um Bäume herum reiten,
- leckere Picknicke und abkühlende Badepausen veranstalten.

Was muss ich für die Zukunft noch wissen?

Ganz gleich, für welche Reitweise du dich schlussendlich entscheidest und welches Pferd dein Liebling ist: Du solltest immer pferdegerecht reiten! Das bedeutet, dass dein Pferd im Vordergrund steht und du Sorge dafür trägst, dass es gesund und fröhlich bleibt. Dabei spielt es keine Rolle, was andere sagen, was andere machen oder wie andere dich bewerten. Das ist sicherlich manchmal sehr schwierig, dennoch ist es wichtig, dass du deinen eigenen Weg findest. Wenn sich etwas für dich und dein Pferd richtig gut anfühlt, dann ist es das vermutlich auch. Überprüfe immer wieder, was dir gefällt, wie sich dein Pferd fühlt und ob ihr glücklich seid. Dein Pferd kann fühlen, was du fühlst. Und du kannst lernen, immer mehr zu spüren, was dein Pferd braucht, um zufrieden zu sein. Natürlich gibt es „Regeln" und „Richtlinien" oder „Vorgaben". Die darfst du dir auch alle anschauen und manches (wie z. B. Sicherheitsmaßnahmen) sind nicht wegzudiskutieren, aber: Dein Weg mit deinem Pferd ist etwas Besonderes und du solltest daran wachsen, denn die Pferde haben dir so viel beizubringen, das dir im Leben helfen wird. Es wäre schade, wenn du nicht zuhörst, weil andere so laut sind!

Faires Reiten ist immer fein, gefühl- und rücksichtsvoll. Pferde sind empfindsame Tiere – das sollten Reiter stets bedenken. Wenn du dir ein bisschen Zeit nimmst und dich in Reitställen oder auf Turnieren umsiehst, dann wirst du viele Pferde erblicken, deren Reiter schlecht sitzen und an den Zügeln zerren. Sie alle glauben, dass die Pferdeköpfe unbedingt runter müssen. So ein Blödsinn! Ein Pferd, das losgelassen unter seinem Reiter läuft, soll den Hals fallenlassen und in Anlehnung gehen. Das gut gerittene Pferd bietet dir sein Genick an. Du musst es nicht gewaltsam mit Hilfszügeln/Ausbindern dazu zwingen. Welchen Sinn hätte das? Wer Pferden an den Köpfen zieht, der macht sie krank und zeigt außerdem, dass er ein schlechter Reiter ist. Hat ein Pferd einen geschmeidigen Rücken und eine weit nach vorne schwingende Hinterhand, dann lässt es seinen Hals von alleine fallen und sucht die Anlehnung. Dazu ist es immer wieder entscheidend, dass du an deinem Sitz arbeitest, dann wird alles viel einfacher für dich und dein Pferd. Außerdem habt ihr viel mehr Freude zusammen, denn dein Pferd wird voller Energie vorwärtsgehen, zufrieden kauen und schnauben. Genau an dem Punkt könnt ihr euch zusammen weiterentwickeln.

Ein letzter TIPP: Achte immer auf die Augen deines Pferdes! Sind sie wach und neugierig? Es kommt auf die Fürsorge an, wenn du dir eine Partnerschaft voller Vertrauen mit deinem Lieblingspferd wünschst.

Alles behalten?
Eine kleine Überprüfung für dich!

1) Welche Aussagen stimmen?

☐ a) Pferde sind Steppentiere!

☐ b) Pferde ernähren sich hauptsächlich von Gras und Kräutern!

☐ c) Menschen und Pferde haben eine lange gemeinsame Geschichte!

☐ d) Pferde haben ein gutes Gedächtnis!

2) Wie werden die Signale genannt, die der Reiter seinem Pferd mit Beinen, Händen und Körperhaltung/Gewicht mitteilt?

_____

3) Welche Aussagen sind richtig?

☐ a) Pferde brauchen ihre Freunde!

☐ b) Kraftfutter (Müsli/Getreide) ist die Hauptnahrung von Pferden!

☐ c) Es reicht aus, wenn Pferde sich unter dem Reiter bewegen!

☐ d) Pferde brauchen viel frische Luft und Licht, um gesund zu bleiben!

4) Je schärfer das Gebiss, desto _____ muss die Reiterhand sein!

5) Welche Behauptungen über den Sperr-Riemen stimmen?

☐ a) Er kommt aus der Militärzeit!

☐ b) Damals hat er den Pferdekiefer bei Stürzen geschützt!

☐ c) Heute ist er nicht mehr nötig!

☐ d) Er hält das Pferdemaul ruhiger!

☐ e) Für Reitanfänger ist er hilfreich, damit sie nicht so stark an den Zügeln ziehen!

6) Ein Knotenhalfter ist sinnvoll bei der Bodenarbeit, weil es...

☐ a) dünner ist als ein Stallhalfter!
☐ b) an den richtigen Stellen einwirkt!
☐ c) weicher einwirkt als andere Halfter!
☐ d) zum Anbinden geeignet ist!

7) Verbinde, was zusammengehört!

Schritt	Zweitakt
Trab	Dreitakt
Galopp	Viertakt

8) Was muss ein Reiter erst „finden", um in allen Gangarten losgelassen sitzen zu können?

_____

9) Was ist das Ziel einer ganzen Parade?

☐ a) Gangartwechsel
☐ b) Richtungswechsel
☐ c) Innenstellung
☐ d) Durchparieren

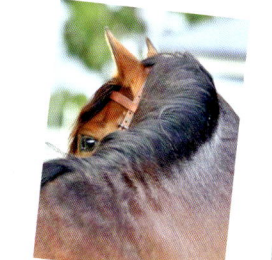

10) Stellung findet im Genick des Pferdes statt, Biegung im ganzen Pferdekörper!

☐ a) Das ist richtig!
☐ b) Das ist falsch!
☐ c) Es ist genau andersherum!
☐ d) Das kommt auf die Lektion an!

Auflösung

1) Welche Aussagen stimmen?
Alle sind richtig!

2) Wie werden die Signale genannt, die der Reiter seinem Pferd mit Beinen, Händen und Körperhaltung/Gewicht mitteilt?
(Reiter-)Hilfen

3) Welche Aussagen sind richtig?
a) Pferde brauchen ihre Freunde!
d) Pferde brauchen viel frische Luft und
    Licht, um gesund zu bleiben!

4) Je schärfer das Gebiss, desto ___feiner/sanfter___ muss die Reiterhand sein!

5) Welche Behauptungen über den Sperr-Riemen stimmen?
a) Er kommt aus der Militärzeit!
b) Damals hat er den Pferdekiefer bei
    Stürzen geschützt!
c) Heute ist er nicht mehr nötig!

6) Ein Knotenhalfter ist sinnvoll bei der Bodenarbeit, weil es...
a) dünner ist als ein Stallhalfter!
b) an den richtigen Stellen einwirkt!

7) Verbinde, was zusammengehört!
Schritt = Viertakt
Trab = Zweitakt
Galopp = Dreitakt

8) Was muss ein Reiter erst „finden", um in allen Gangarten losgelassen sitzen zu können?
sein Gleichgewicht/seine Mitte

9) Was ist das Ziel einer ganzen Parade?
d) Durchparieren

10) Stellung findet im Genick des Pferdes statt, Biegung im ganzen Pferdekörper!
a) Das ist richtig!

Impressum

BILDNACHWEIS

Coverfotos: **Bettina Niedermayr**

Profibilder (S. 26, 27): Grischa Ludwig: **Dead or Alive**, Thomas Günther: **Anna Luong Van**, Ute Holm: **Andreas Kost**, Ingrid Klimke: **Lutz Kaiser**, Dorothee Schneider: **Maximilian Schreiner**, Michael Jung: **Equistock/Thomas Hartig**

Kerstin Angermüller/Deuber & Partner (www.deuber.de): S. 44, 45

Sandra Reitenbach: S. 103 (oben) sowie Kay Wienrich & Pferde: S. 46, 48 (4)

Blackburn-Foto: S. 1 – 3, 6, 7, 13, 21, 28, 31, 32, 39 – 43, 47, 48, 53 – 54 (2, 4), 56 – 73, 75 – 79, 80 (unten) – 86 (1, 2, 4), 87 – 97 (1, 3), 101 (1)

Wir danken dem **Gestüt Herberath** für die freundliche Unterstützung sowie allen Fotografinnen und Fotografen von **pixabay**.

IMPRESSUM

Layout, Grafikdesign, Redaktion: **Susanne Kreuer**

© Pepper Verlag 2019 (1. Auflage)

ISBN-13: 978-3-946239-13-0

Alle Angaben und Methoden in diesem Buch sind sorgfältig geprüft und erwogen worden. Sorgfalt bei der Umsetzung ist indes dennoch geboten. Der Verlag übernimmt keinerlei Haftung für Personen-, Sach- und Vermögensschäden, die im Zusammenhang mit der Anwendung und Umsetzung entstehen können.

Printed in Germany